Par Étienne Jouy.

Les observations détachées sont du Merle.

à conserver

L'HERMITE
DE
LA CHAUSSÉE-D'ANTIN.

Cet Ouvrage se trouve aussi:

Chez MICHAUD frères, Libraires, rue des Bons-Enfans, N° 34.

DE L'IMPRIMERIE DE PILLET,

L'HERMITE
DE
LA CHAUSSÉE-D'ANTIN,
ou
OBSERVATIONS
SUR LES MŒURS ET LES USAGES PARISIENS

AU COMMENCEMENT DU XIXe SIÈCLE.

SECONDE ÉDITION.

Chaque âge a ses plaisirs, son esprit et ses mœurs.
BOIL. *Art Poét.*

TOME PREMIER.

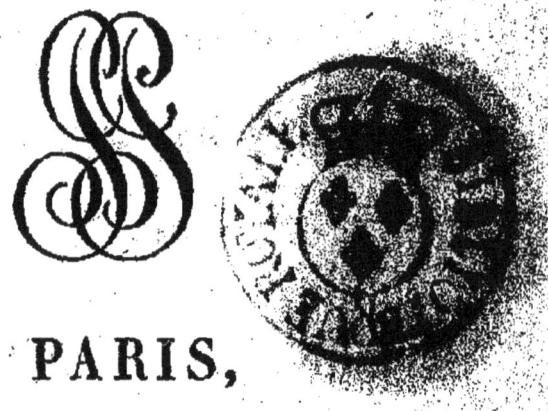

A PARIS,

CHEZ PILLET, IMPRIMEUR-LIBRAIRE,

RUE CHRISTINE.

1813.

AVANT-PROPOS. (*)

L'HERMITE DE LA CHAUSSÉE-D'ANTIN
ET LE LIBRAIRE.

LE LIBRAIRE.

Mille pardons, Monsieur, vous étiez à travailler : je vous dérange, mais je ne vous tiendrai pas long-tems.

L'HERMITE.

A qui ai-je l'honneur de parler ?

LE LIBRAIRE.

Je suis libraire, Monsieur, et je viens faire une proposition à l'*Hermite de la Chaussée-d'Antin*.

(*) Préface de la première Édition.

L'HERMITE.

Qui vous a dit, Monsieur, que ce fût moi ?..... Comment savez-vous ?....

LE LIBRAIRE.

Je ne suppose pas que vous ayez cru pouvoir rester long-tems caché sous votre nom pseudonyme. L'incognito d'un journaliste est impossible à garder : tous les amours-propres sont ligués contre lui, et le plus souvent le sien est du complot.

L'HERMITE.

Sans compter l'intérêt des libraires, qui n'est ni moins actif ni moins clairvoyant.

LE LIBRAIRE.

C'est un devoir pour nous de savoir à quoi nous en tenir sur l'équivalent des monogrammes, dont presque tous les articles de journaux sont maintenant signés, et par état nous devons connaître la valeur de toutes les lettres de l'alphabet depuis A jusqu'à Z.

L'HERMITE.

Maintenant, Monsieur, en supposant que vous ayez deviné juste, de quoi s'agit-il ?

LE LIBRAIRE.

De vos articles ; on en parle beaucoup dans le monde.

L'HERMITE.

Dans lequel, s'il vous plaît ? car chacun a le sien.

LE LIBRAIRE.

Je veux dire qu'il n'est bruit que de vos Bulletins, au cabinet de lecture de la rue de Grammont, au café Tortoni, et dans la grande avenue du Luxembourg : vous arriverez à la célébrité.

L'HERMITE.

J'ai choisi un chemin bien étroit.

LE LIBRAIRE.

Mon Dieu ! pour qui les connaît, les sentiers valent mieux que les grandes routes.

L'HERMITE.

Au fait ?

LE LIBRAIRE.

Je viens vous proposer de réunir vos feuilletons en un volume, et de m'autoriser à les publier pour mon compte.

L'HERMITE.

Réunir des articles de journaux ! y pensez-vous ? Ces bleuettes littéraires ne sont faites que pour amuser le lecteur pendant qu'il déjeûne, ou pour l'endormir quand il se couche ; encore, la plupart du tems, ne remplissent-elles que la dernière partie de leur destination. Elle n'ont qu'un jour à vivre, et je ne vois pas la nécessité de les enterrer ensemble.

AVANT-PROPOS.

LE LIBRAIRE.

Ne cite-t-on pas plusieurs collections du même genre, échappées à la rigueur de cet arrêt? *le Pour et le Contre, le Spectateur, le Tuteur, le Babillard, le Fainéant,* etc.?

L'HERMITE.

Sans doute; mais on sait aussi que ces ouvrages avaient pour auteurs l'abbé Prévost, Addison, Steele, Johnson, et que les petites choses, comme le dit ce dernier, n'ont de valeur que de la part de ceux qui peuvent s'élever aux grandes.

LE LIBRAIRE.

Vous traitez les mêmes matières.

L'HERMITE.

Pourquoi pas? Racine et Mai..... ont tous deux fait des tragédies. Addison a peint les mœurs et les usages de Londres, au commencement du dix-huitième siècle ; j'essaie de donner une idée de celles de Paris, au commencement du dix-neuvième, voilà d'abord un point de ressemblance ; je ne suis embarrassé que des autres.

LE LIBRAIRE.

Où est la nécessité de comparer ? Une simple esquisse au trait quand elle est bien tracée, bien fidelle, peut encore trouver sa place dans le cabinet d'un amateur, à côté du tableau d'un maître. Au surplus, le succès de cet ouvrage me regarde, je suis libraire, et puisque je l'espère, c'est que j'en suis sûr.

L'HERMITE.

S'il en est ainsi, je vous autorise très-volontiers, Monsieur, à recueillir et à publier, sous le titre de l'*Hermite de la Chaussée-d'Antin*, mes observations sur les mœurs et sur les usages parisiens, pendant l'année 1811.

AVANT-PROPOS.

LE LIBRAIRE.

Et celles que vous ferez paraître par la suite ; car je prends l'engagement d'en publier tous les ans un volume.

L'HERMITE.

Je fais mieux que de souscrire à cette clause ; je vous laisse le droit d'y renoncer du moment où vous n'aurez plus d'intérêt à la tenir.

9 Ma Cèlule est comme une Chambre obscure

L'HERMITE
DE
LA CHAUSSÉE-D'ANTIN.

~~~~~~~~~~~~~~~~~~~~~~~~~~

N° 1ᵉʳ. — 17 *août* 1811.

PORTRAIT DE L'AUTEUR.

—

Multa ferunt anni venientes commoda secum.
Il y a des avantages qui sont le fruit des années.
    Hor., Art. Poet.

Nosce teipsum, était la maxime favorite des anciens philosophes; avant tout ils voulaient qu'on se connût soi-même. Ce précepte d'éthique pourrait trouver son application jusque dans la manière de faire un Journal. On se demande pourquoi, dans toutes nos feuilles publiques, les articles qui concernent la France, et Paris en particulier, sont, pour l'ordinaire, les plus courts et les plus insignifians; par quelle singularité on saisit avec tant d'empressement l'occasion de parler d'une coutume chinoise, de citer les mœurs des Orientaux, de rechercher l'origine d'une invention étrangère, de disserter sur les ruines d'un monument grec ou égyptien; tandis qu'on tient si peu de compte des objets qui nous environnent, des circonstances, des événemens auxquels nous sommes le plus immédiatement intéressés.

Si l'importance des nouvelles politiques n'absorbait pas, depuis long-tems, l'attention générale, peut-être aurait-on déjà remarqué qu'un article *Paris* laisse à désirer quelque chose de plus que l'annonce d'une soirée littéraire, du nettoiement de l'égout de la rue du Ponceau, du phénomène d'un veau à deux têtes, ou du pavage de la rue des Quatre-Vents. Cette réflexion *nous* a conduit à chercher les moyens de recueillir une foule de détails domestiques, de circonstances fugitives, d'événemens journaliers auxquels il est possible d'ajouter un nouveau degré d'intérêt en les rattachant à des souvenirs politiques ou littéraires: la diversité des mœurs parmi les habitans de cette immense capitale est le résultat nécessaire d'une population considérable et d'une extrême civilisation; on peut y puiser le sujet d'un grand nombre de petits tableaux dont l'histoire ne dédaignera pas de faire un jour son profit; la fondation d'un nouvel établissement, les diverses destinations données à un ancien édifice deviennent souvent l'occasion de recherches et de rapprochemens curieux.

Tels sont les divers élémens dont nous avons l'intention de composer un *Bulletin moral de la situation de Paris*. Ce travail, exigeant une masse de faits qu'on ne peut recueillir ni dans le même tems ni dans le même lieu, sera l'objet d'un article hebdomadaire, qui paraîtra régulièrement le samedi de chaque semaine. Nous étions rassemblés pour faire le choix du Rédacteur auquel cette partie doit être spécialement confiée, lorsque nous avons reçu la lettre suivante :

AUX RÉDACTEURS DE LA GAZETTE DE FRANCE.

Messieurs, quand vous me connaîtrez mieux, vous ne serez pas étonnés que je sois instruit de l'objet qui vous occupe en ce moment. Vous avez formé le projet de mettre sous les yeux de vos lecteurs un *Bulletin hebdomadaire* de la situation de Paris; vous ne savez pas encore à qui vous en confierez la rédaction; sans autre préambule, je vous offre mes services. Quelques mots sur ma personne, mon histoire et mon caractère, vous prouveront, je crois, que j'ai, sinon le talent, du moins l'instinct de la tâche que je veux entreprendre.

Avant de vous dire mon âge, sur lequel vous pourriez d'abord élever quelques objections, je dois vous prévenir qu'il n'y a pas un jeune homme à Paris (je n'en excepte pas le plus jeune clerc de l'étude la mieux achalandée) qui fasse en une semaine autant de courses que j'en fais chaque jour dans cette capitale. Après cela, je ne dois plus craindre de vous avouer que je suis né le 25 juillet 1741. Il y a des gens qui en concluent que j'ai mes soixante-dix ans complets: c'est possible; les années sont les bienfaits du tems; et je ne compte point avec mes amis. Une curiosité insatiable fut le premier sentiment qui se manifesta en moi; aussi, dès l'âge de treize ans, me suis-je mis à courir le Monde. J'en ai fait le tour avec notre célèbre navigateur Bougainville; j'ai parcouru les trois continens; j'ai visité presque toutes les nations du globe, et je n'avais encore que trente ans lorsque je revins en France. Rassasié de voyages, comme *Scarmantado*, je me mariai à mon retour, comme il avait fait; je ne suis pas sûr d'avoir eu le même sort: aussi n'ai-je pas trouvé *que le mariage fût l'état le plus doux de la vie*. Disons toute la vérité : mon ménage était un enfer; je me plaignis, j'exhalai ma bile dans un roman où je fis le portrait d'une femme vaine, tracassière, acariâtre; la mienne s'y reconnut, et sur ce motif, plaida contre moi en séparation; j'eus le bonheur de perdre mon procès. Me voilà libre. Je ne songeai plus qu'aux moyens d'arranger ma vie conformément à ce besoin d'indépendance, à cet instinct de curiosité qui font la base de mon caractère, et auxquels je ne pouvais me livrer nulle part plus entièrement, plus agréablement qu'à Paris : dès-lors je me décidai à n'en plus sortir. Je louai une jolie maisonnette hors des barrières, du côté de Clichi, tout auprès de la chaussée que M. le duc d'Antin venoit de faire construire. (C'est de là, je dois le dire en passant, que me vient ce sobriquet d'*Hermite de la Chaussée-d'Antin*, que l'on me donna d'abord avec quelque raison, et que l'on m'a conservé depuis par habitude.) Je crois avoir vécu plus de deux siècles quand je pense aux changemens qui se sont opérés autour de moi depuis quarante ans que j'habite, non pas le même logement, mais sur le même terrain. Je puis dire à la lettre, que Paris est venu me chercher : la prairie que j'habitais s'est couverte d'édifices alignés en forme de rue; ma maisonnette, que je louais cent écus par an, s'est transformée en un hôtel magnifique, où le propriétaire a bien voulu me conserver un logement dans les combles; je le paye, il est vrai, quatre fois autant que la maison entière que j'occupais auparavant; mais on tient à la place où l'on s'est bien porté pendant près d'un demi-siècle. Maintenant, Messieurs, que vous savez à-peu-près qui je suis, il me reste à vous apprendre ce que je fais : rien, absolument rien; je vais, je viens, je regarde, j'écoute, et je tiens note le soir, en rentrant, de tout ce que j'ai vu et entendu dans ma journée, dont je vais, en peu de mots, vous faire connaître l'emploi.

Je me lève à cinq heures du matin pendant l'été, et à sept heures en hiver. Comme il n'y a de gens éveillés à cette heure-là, dans Paris, qu'à la Halle et dans les autres marchés, c'est dans un de ces endroits que je porte mes premiers pas. L'habitude qu'on a de m'y voir, fait qu'on ne prend de moi aucun ombrage : j'apprends là tous les secrets du métier ; comment avec quelques beaux fruits on en compose des paniers ; comment on rend aux légumes flétris une apparence de fraîcheur ; par quelle adresse on *implante* des fleurs sur l'arbuste qui a perdu les siennes. Je vois arriver les maîtres-d'hôtel, les cuisiniers de grandes maisons, et je sais mieux que leurs maîtres ce que leur coûtent les provisions qu'ils emportent. En sortant de là, je vais ordinairement faire un tour sur les quais, et m'assurer du nombre et de la nature des arrivages ; après quoi, je me rends au Palais-Royal, où je déjeûne, alternativement au café de Foi, au café de Chartres ou au café Valois, suivant qu'il me plaît d'entendre déraisonner sur la politique, sur les finances ou sur le commerce. Vers midi, j'entre au cabinet de lecture de M. de Laage, rue de Grammont, où je parcours les papiers publics.

Bien ou mal informé de ce qui se passe pour le moment en Europe, je pars de là pour faire ma visite habituelle à une vieille amie du faubourg St-Germain, Mme de L...., avec laquelle je manque rarement de faire, avant dîner, une promenade en voiture au bois de Boulogne. Mme de L...., qui a passé sa vie à la cour, et qui n'a d'autre défaut que de croire fermement qu'on ne peut vivre ailleurs, me raconte une foule d'anecdotes piquantes sur les personnages les plus célèbres de l'époque actuelle et des tems antérieurs; j'en compose un *Ana*, qui vaudra bien ceux de M. Cousin d'Avalon. En revenant elle me dépose au café Tortoni : j'ai l'habitude d'y prendre, avant dîner, une glace avec un vieux docteur italien très-instruit, et qui ne parle jamais de Rome sans ôter son chapeau. Le régime physique et moral que je me suis prescrit, joint à l'indispensable besoin que j'ai d'aller tous les soirs au spectacle, m'a fait renoncer aux dîners d'invitation, qui ne valent pas, après tout, les soupers d'autrefois. Je passe successivement en revue tous les restaurateurs, et sans attacher à la science gastronomique autant d'importance que M. G..... de la R....., je puis cependant raisonner d'une manière très-satisfaisante sur les découvertes qu'on y a faites depuis le tems où je dînais à trois livres par tête, à l'hôtel d'Angleterre, avec tout ce qu'il y avait alors de mieux dans Paris. Comme j'ai mes entrées dans tous les spectacles, pour des raisons que je pourrai vous déduire en tems et lieu, il n'est pas rare qu'on me voie dans la même soirée à l'Opéra, au théâtre Feydeau et à la Comédie-Française. C'est d'ailleurs, je vous en préviens, le seul trait de ressemblance que j'aie avec M. de R..... Je connois, non pas la filiation, mais la succession de tous les comédiens des grands théâtres; j'ai assisté à tous les débuts d'acteurs et d'actrices, à tous les succès et à toutes les chutes, depuis l'année 1764 : vous voyez que je suis en mesure de vous donner des anecdotes et des nouvelles de coulisses. Quant aux modes, qui entrent nécessairement pour quelque chose dans une revue de la nature de celle que vous annoncez, il est probable que vous me croyez très-étranger à cette partie; vous penserez tout autrement quand vous saurez que j'ai chez moi la collection complète des costumes français, depuis la saye des Sicambres, nos aïeux, jusqu'au frac écourté des jeunes gens du jour ; que j'ai conservé un modèle de tous les habits, de tous les chapeaux, de toutes les perruques, que j'ai portés moi-même pendant cinquante ans, et que le tout, bien étiqueté, est rangé chez moi, par ordre chronologique, dans un Muséum d'une espèce toute nouvelle.

Sur cet exposé, c'est à vous, Messieurs, de juger si je suis tout-à-fait au-dessous du travail dont je désire être chargé.

J'ai l'honneur d'être, etc.

N° II. — 24 *août* 1811.

POT-POURRI.

Inest sua gracia parvis.
Les petites choses ont leur mérite.

Je ne suis pas de ces vieillards *qui toujours plaignent le présent et vantent le passé*; je me défends tant que je puis des erreurs chagrines de la vieillesse, qui sont presque aussi loin de la vérité que les brillantes illusions du jeune âge. Je vois les progrès partout où ils sont, et, grâce au Ciel, j'en vois beaucoup; mais est-il vrai, comme le prétendent certains philosophes *gris de lin*, que nous soyons parvenus au plus haut point de civilisation; qu'il n'y ait plus pour nous de progrès possible dans l'art de vivre en société? Est-il bien sûr que nous ayons effacé jusqu'aux moindres traces de cette barbarie dont l'Europe est sortie depuis si peu de tems ? Je ne le pense pas : nous avons beaucoup fait, nous faisons chaque jour davantage ; cependant, *hodie manent vestigia ruris*. Pour le prouver (si c'était là l'objet dont je voulusse m'occuper aujourd'hui), je commencerais par l'examen de quelques objets matériels contre lesquels je réclame, à part moi, depuis bien long-tems ; je poserais en fait, par exemple, que c'est encore *un vestige* de barbarie que ces longs et vilains tuyaux de plâtre élevés au faîte de nos maisons, et destinés à donner passage à la fumée ; je ferais rougir nos architectes de n'avoir pas encore trouvé le moyen de suppléer à ces constructions bizarres qui n'ont ni forme, ni proportion, ni solidité, et dont le moindre inconvénient est de détruire tout l'effet, toute la symétrie des plus beaux édifices : je dirais qu'à Paris, la hauteur prodigieuse des maisons ajoute aux dangers qui résultent partout de la construction des tuyaux extérieurs de cheminées ; que pour peu que le vent souffle avec violence, il en résulte une grêle de plâtras, de débris, qui ne laisse pas d'incommoder les passans. Après avoir établi que cette ville est peut-être aujourd'hui, de toutes les grandes capitales du monde, celle qui renferme le moins de pauvres, je me trouverais forcé de convenir que c'est pourtant celle où les livrées de la misère affligent davantage le cœur et les yeux. Il faut avoir eu, comme moi, le courage de visiter, du bas en haut, quelques maisons de la rue de *la Bûcherie* ou de celle *des Marmousets*, pour savoir au juste dans combien de pieds cubes d'air méphitique un homme peut vivre douze heures sans être sphyxié, pour bien connaître.... Mais je ne pousserai pas plus loin cette digression critique, dont je ferai quelque jour mon sujet principal : je n'ai fait dans ma journée que des remarques agréables ; c'est une occasion de louer, et je ne m'en refuse jamais le plaisir quand elle se présente.

On ne taxera pas d'égoïsme les sentimens d'admiration et de reconnaissance que j'éprouve à la vue des palais somptueux, des monumens utiles qui s'élèvent de toutes parts ; il est douteux que je les voie achever ; il est certain que je n'en jouirai pas long-tems, mais ils contribueront à la gloire de mon pays, au bonheur des générations qui me suivent :

> Cela même est un fruit que je goûte aujourd'hui,
> J'en puis jouir demain, et quelques jours encore.

Cette main active et bienfaisante qui exécute ou prépare de si grands travaux, ne dédaigne pas ces petits détails qui concourent puissamment au bien-être de la société. Avec quel plaisir je remarquais hier, en me promenant, le soin que l'on prend de faire disparaître ces petits fossés pratiqués le long du boulevart, dans l'espace qui sépare les arbres, et dont la vue me rappelait la chute que j'y ai faite l'année dernière dans une nuit obscure !

Ces espèces de *sauts-de-loup* viennent d'être remplacés par des bornes élégantes, lesquelles en atteignant le même but (celui d'empêcher les voitures d'arriver jusqu'au pied des arbres), présentent un coup-d'œil plus agréable, et, ce qui vaut mieux encore, offrent aux hommes de peine un point d'appui pour eux et leur fardeau.

J'aurai quelque jour maille à partir avec nos architectes modernes; je l'ai fait pressentir en commençant cet article. En attendant, je dois convenir que l'art qu'ils professent est un de ceux où les progrès du goût (qui n'est autre chose, en architecture, que la grâce unie à la commodité) sont le moins contestés et le plus sensibles. Pour s'en convaincre, il suffit de comparer, je ne dis pas ces espèces des casemates de la Cité, mais ces grands hôtels construits sous les règnes de Henri IV, de Louis XIII et même de Louis XIV, avec les édifices du même genre dont se composent les nouveaux quartiers de Paris. Admire qui voudra dans les uns ces lourdes façades vermiculées, surchargées de colonnes à fûts brisés, d'ornemens empruntés sans choix aux cinq ordres d'architecture : je préfère la simplicité, l'élégance de style qui distinguent les autres. C'est principalement dans quelques détails que l'architecture moderne l'emporte sur l'ancienne, et même sur l'antique. Je ne pense pas en effet qu'on puisse rien imaginer de plus élégant, de meilleur goût que ces portes nouvelles, ornées de boucliers, de faisceaux d'armes; que ces escaliers de dégagement, si légers, si simples, si faciles, dont la cage est quelquefois enfermée dans un espace où l'on aurait d'abord cru ne pouvoir placer qu'une échelle. Je m'arrête souvent pour examiner ces rampes d'acajou, dont les barreaux sont autant de javelots de bronze, séparés de distance en distance par des trophées de même métal, et d'une exécution parfaite. Je remarque avec plaisir que partout, même dans les maisons les moins opulentes, les parquets remplacent les carreaux de briques si froids, si sales, et dont la vue, pour être supportable, exige les soins journaliers d'un frotteur. J'aurais encore à féliciter nos architectes sur des améliorations beaucoup plus importantes dans les distributions intérieures; mais la curiosité m'interroge sur d'autres objets, et j'aurai plus d'une fois l'occasion de revenir sur celui-ci.

— Il est une classe d'hommes, à Paris, dont les habitudes, les goûts et les plaisirs sont presque aussi invariables que les mœurs des habitans du Gange ou du fleuve Jaune; nous voulons parler des artisans de la classe inférieure. De tems immémorial, le dimanche est par eux consacré à dépenser le superflu qu'ils ont pris sur le nécessaire du reste de la semaine. Leur prévoyance ne s'étend pas au-delà de huit jours, et ils ne connaissent d'autre avenir que le dimanche. Les spectacles, dont le goût et si généralement répandu dans toutes les autres classes du peuple, n'ont aucun attrait pour eux. La Courtille, les Porcherons, un coin de table au Grand-Salon ou chez Desnoyers, voilà leurs cercles, leurs théâtres, leurs promenades, leurs athénées. On auroit tort de croire que ces réunions soient aussi étrangères aux bonnes mœurs qu'elles le sont au bon ton et au bon goût. Les habitudes de ces gens-là sont basses, mais leur conduite n'a rien d'essentiellement répréhensible, et l'on trouverait, sans aucun doute, plus à reprendre dans les cabinets du *Cadran-Bleu* et de la *Galiotte*, que dans les tavernes de *l'Arc-en-Ciel* ou de *l'Ile-d'Amour*. Ces réunions d'artisans sont le plus ordinairement des fêtes de famille : tout y est public ; le père, la mère et les enfans se rassemblent pour manger une matelotte ou un civet de lapin (dont on se garde bien de leur montrer la peau), au milieu de vingt autres familles que les mêmes plaisirs attirent dans les mêmes lieux. Le vin de Brie et de Surenne coule à grands flots; on boit, on rit, on chante, on s'enivre; et la femme, qui s'arrête ordinairement tout juste au degré de raison dont elle a besoin pour ramener son mari, ne le force pourtant à quitter la table que lorsque la bourse est tout-à-fait épuisée. Tous les comptes soldés, la famille se remet en marche, et bras dessus, bras dessous, détonnant un pont-neuf, redescend vers minuit le faubourg du Temple, et rentre au logis, où elle ne trouvera le lendemain que le pain qu'elle aura gagné dans la journée, sans regretter l'argent si follement employé la veille.

— Il en est à Paris des établissemens comme des pièces de théâtre et des livres : *Habent sua fata*. Il est souvent aussi difficile d'expliquer le succès des uns que la chute des autres. Au nombre des victimes de cette espèce de fatalité, le *Colysée* a sur-tout le droit de se plaindre d'une réprobation injuste. Les administrateurs de cet établissement n'ont rien négligé pour y attirer le beau monde, et se sont vu forcés, quelque peine qu'ils aient prise, à s'en tenir aux petites mercières de la rue Aux-Fers et aux commis-marchands de la Vieille-rue-du-Temple, tandis que *Tivoli*, même en resserrant son cadre, voit la société la plus brillante affluer dans son enceinte. Le *Jardin Turc* et le *Jardin des Princes* sont une nouvelle preuve de la bizarrerie de ce public. Le *Jardin Turc* ne peut suffire à la foule qui l'assiége ; à quelques pas de là, le *Jardin des Princes*, avec le talent, ou peut-être à cause du talent de Garnerin, offre tous les charmes de la solitude. On serait tenté de croire que la sentinelle qui est à la porte a la consigne de ne laisser entrer personne. M'expliquera-t-on pourquoi la curiosité, qui ne se lasse pas du *spectacle de Pierre*, avec son éternelle tempête et son lever du soleil de tous les soirs, ne conduit presque personne au *Cosmorama*, où les tableaux sont plus vastes, plus intéressans et sur-tout plus variés ? ce sont là de ces bigarrures de l'esprit parisien que j'observe depuis très-long-tems. J'ai vu le *Concert spirituel* délaissé pour le *Wauxhall du sieur Thorré*, *Lekain* abandonné pour le *singe de Nicolet*, et *Frascati* pour le boulevart *de Coblentz*.

— J'ai visité ce matin la nouvelle fontaine construite sur le boulevart du Temple, et alimentée par les eaux du canal de l'Ourcq ; elle est composée de quatre bassins concentriques, disposés en amphithéâtre. Les trois bassins supérieurs sont coupés à angles droits par quatre massifs de pierre supportant chacun deux lions de bronze qui jettent de l'eau par la gueule. Ces lions, très-bien exécutés, sortent de la fonderie du Creusot. Le jet supérieur, échappé du champignon, retombe en cascade dans une vaste coupe et descend en nappe dans les bassins inférieurs. Cette fontaine, d'un style simple et sévère, produit l'effet le plus agréable et le plus imposant par les grandes nappes d'eau qu'elle déploie, et du moins, sous ce rapport, elle peut soutenir le parallèle avec la Fontaine-des-Innocens.

N° III. — 31 *août* 1811.

LE PARRAIN.

> *Stultum me fateor.*
> J'avoue ma folie.
> HOR., Sat. III, liv. II.

En lisant, il y a quelques mois, le petit poëme du *Parrain Magnifique* (que j'ai placé, jusqu'à nouvel ordre, sur un rayon particulier de ma bibliothèque, à côté des poésies *d'Ossian*, de *Clotilde*, etc.), je ne m'attendais pas que je dusse éprouver bientôt moi-même les angoisses du chanoine dont j'avois ri de si bon cœur. Tant il est vrai

Qu'il ne se faut jamais moquer des misérables.

Je me crois obligé de faire part au public de ma déconvenue; c'est un lampion que je place au profit des autres, sur la pierre où je me suis heurté. Mercredi dernier, à onze heures du soir, j'étais établi chez moi, dans un excellent fauteuil que j'ai fait faire sur le modèle de celui de notre bon et brave abbé M......, et je parcourais, suivant mon usage, avant de me coucher, quelques-unes de ces brochures du jour qu'on lit avec aussi peu de soin qu'elles ont été faites, lorsque mon domestique m'annonça M. le comte de V...., principal locataire de l'hôtel que j'habite. J'aurai tout aussitôt fait de rapporter notre conversation que d'exposer le motif de sa visite : « Mille pardons mon voisin, de venir vous importuner à cette heure ; mais il y a telle circonstance qui autorise une indiscrétion. — Heureusement votre ton me rassure ; sans cela, M. le comte, je craindrais qu'il ne vous fût arrivé quelque malheur. — Au contraire, ma femme est accouchée. — D'un garçon ? — On vous l'a dit ? — Non, mais je m'en suis douté, ce matin, à l'air d'importance de toutes les femmes de l'hôtel que j'ai rencontrées en sortant. — La remarque est fine. — Je ne voudrais pas parier que Sterne ne l'eût faite avant moi : quoi qu'il en soit, je vous fais mon compliment sur l'événement heureux que vous voulez bien m'annoncer vous-même. — Ce n'est là que le prétexte de ma visite ; en voici le motif : Ma femme a ses petites superstitions tout comme une autre, et l'ouvrage de M. Salgues (*), que j'ai pris soin de lui faire lire, ne l'a point encore guérie des ses préjugés. Quelques jours avant ses couches, elle a été chez Mlle Lenormand, et la négromancienne de la rue de Tournon lui a prédit *qu'elle auroit un garçon dont la destinée seroit, de tout point, semblable à celle du parrain qu'on lui choisirait.* Maintenant il faut que vous sachiez que ma femme, à qui Mme de L...., notre amie commune, a communiqué jusqu'aux moindres détails de votre histoire, vous regarde comme le prototype de la félicité humaine, et qu'en conséquence elle croit assurer le bonheur de son fils en vous priant par ma voix, d'en être le parrain. »

Cette proposition me parut assez bizarre ; je l'éludai aussi long-tems qu'il me fut possible, mais je finis par me rendre à l'idée qu'il y avait quelque chose de respectable jusque dans la faiblesse d'une mère, et qu'après tout on n'exigeait de moi qu'un acte de simple complaisance.

(*) Des *Préjugés répandus dans la société*, etc.

Le baptême devait se faire le surlendemain; je n'avais pas tenu d'enfant depuis l'année 1775; l'usage pouvait être changé : je courus chez Mme de L... pour avoir des renseignemens sur mes nouvelles fonctions. Plus soigneuse de ma réputation que de ma bourse, elle me donna des instructions dont j'ignorais les suites, et des adresses de marchands dont j'ignorais les prix. Je me rends d'abord chez Tessier, parfumeur à la *Cloche-d'Or* (j'allais autrefois chez Fargeon); je montre la note de Mme de L.... on me présente une corbeille de baptême d'un goût exquis, il est vrai; mais 80 francs! Je me serais récrié sur le prix, si je n'avais pas été prévenu qu'on ne marchande pas *à la Cloche-d'Or*. La jeune dame du comptoir, avec laquelle il est embarrassant d'avoir à démêler des intérêts pécuniaires, arrange dans la corbeille, avec une grâce toute particulière :

Six douzaines de paires de gants superfins et assortis; *deux éventails*, l'un brodé en acier, l'autre en écaille blonde et à lorgnette;

Un bouquet de fleurs artificielles qui auraient défié l'œil d'un botaniste;

Quelques sachets, deux flacons d'essence de

rose, *un collier de pastilles du Sérail*, et me présente le tout avec une facture à vignette, montant à 420 francs. Je trouvais la somme énorme; j'étais tenté de laisser la maudite corbeille; mais une mauvaise honte d'écolier me retient: je tire, un à un, 21 napoléons de ma bourse, je les compte sur le comptoir d'acajou, et je sors de l'élégant magasin, bien résolu de n'y rentrer de ma vie. Mon emplette était faite, je voulais du moins m'en faire honneur; je retournai chez Mme de L.. pour la lui montrer. « C'est fort bien! me dit-elle, la corbeille est de bon goût et *sans luxe*; la marraine en sera contente. Voici maintenant les autres bagatelles dont vous avez besoin, et que j'ai voulu vous choisir moi-même :

« Pour l'accouchée, une veilleuse en ver-
» meil de chez Odiot, et une jatte en porce-
» laine de chez Dagoty : j'ai payé ces deux
» objets vingt louis; mais c'est le moins que
» vous puissiez offrir à une femme qui jouit
» de cinquante mille livres de rente.

» Pour la garde, une garniture de bonnet
» en valenciennes, cinq louis; c'est pour rien.

» Pour la nourrice, ce schall en mérinos ;
» c'est tout ce qu'il faut.

» J'avais bien envie de prendre, en passant,
» chez Dubief, un hochet pour l'enfant ; mais
» c'est encore une affaire de huit ou dix louis,
» et, dans votre position, vous n'êtes tenu
» qu'au strict nécessaire..... »

Pour le coup, j'éclatai : « Comment, madame, il est *nécessaire* que je me ruine pour tenir l'enfant d'une femme que je connais à peine et qui croit aux prédictions de Mlle Lenormand ! » — « Il ne fallait pas accepter ; vous l'avez fait, il s'agit de vous en tirer honorablement. »

Je n'avais rien à répondre à cela, et pour me punir moi-même de mon étourderie, je voulus m'en imposer toutes les conséquences ; enfin, de compte fait, et en me conformant à l'usage ; après avoir offert à la marraine, à l'accouchée, à la garde, à la nourrice, les présens achetés pour elles ; après avoir donné un cierge au curé, une offrande au vicaire, un pour-boire au bedeau, au suisse et au sonneur ; après avoir fait l'aumône aux pauvres de la paroisse ; après avoir soldé le mémoire de Berthellemot (dont la poésie, par parenthèse, a beaucoup renchéri les bombons), il s'est trouvé que l'honneur d'être parrain de l'enfant de Mme la comtesse de V....., me coûtait 2375 fr. 20 c., et que, pour compensation de mes dépenses, je me trouvais avoir un filleul qui ne portera pas mon nom (car, excepté moi... et Pascal, qui voudrait aujourd'hui consentir à s'appeler Blaise ?) mais qui viendra bien exactement me rendre visite à ma fête; une jeune et jolie commère à qui je ne pourrai que souhaiter la sienne; et une paire de besicles en or, auxquelles je serai forcé de faire mettre d'autres verres. Grâce à ces dons mutuels, je me trouvais tenir à la famille de M. de V....., et on me retint à dîner sans *cérémonie*. Toutes les conditions de ce titre furent bien remplies : l'arrivée d'un héritier avait mis la maison en désarroi; le cuisinier, le maître-d'hôtel et le premier laquais, partageant l'émotion générale, s'étaient donné congé pour toute la journée; on servit froid, à huit heures du soir; le nouveau-né criait dans la pièce voisine, et l'accoucheur arriva au milieu du repas : mon hôte brûlait de voir sa femme et son enfant; je m'aperçus que mon rôle touchait à sa fin; et, quitte envers mes voisins, envers mon filleul, et même envers tous les fournisseurs de cette pompe baptismale, que j'avais, suivant mon usage, payés comptant, je remontai chez moi méditer sur les moyens de simplifier les baptêmes.

OBSERVATIONS DÉTACHÉES.

DE tous les ridicules, la vieillesse est ici le plus grand; aussi n'est-il pas de moyens qu'on n'emploie pour y échapper. Il y a des gens à qui l'on ne peut dire *pis* que leur nom, mais il en a beaucoup d'autres à qui l'on ne peut dire *pis* que leur âge; et ces gens-là ne sont pas toujours des femmes. On sait trop combien de motifs ont celles-ci pour encourir le reproche que leur a fait Mme la M.. de C... de compter leurs années comme on compte les points au piquet, dans certains coups, c'est-à-dire de passer subitement de 29 à 60; mais on aurait de la peine à excuser cette même faiblesse chez les hommes, si l'on n'avait pas aussi souvent l'occasion d'observer, à la honte des mœurs actuelles, le peu de respect qu'obtient aujourd'hui la vieillesse : on dira que je prêche dans mon intérêt; mais il est certain que je me rappelle un tems où la société aurait fait une égale justice d'une insulte faite à une femme et à un vieillard; où nos jeunes-gens, Athéniens pour tout le reste, étaient de vrais Spartiates sur ce point. Ce qu'il y a de plus déplorable, c'est que non-seulement la vieillesse ne paraît plus avoir droit aux respects, mais qu'elle n'en aura bientôt plus à la pitié. Dans toutes les conditions, l'obstacle le plus grand que l'on puisse rencontrer pour vivre, c'est d'avoir vécu, et l'on a vu dernièrement, entre mille exemples, une grande dame refuser pour concierge d'un de ses châteaux un homme également recommandable par sa probité, ses talens et ses vertus, sur le seul motif qu'il avait au moins *cinquante ans*.

Ce que je vois de plus malheureux dans cette espèce de discrédit où tombe la vieillesse, c'est l'atteinte portée au premier des liens, au plus saint des devoirs, au respect filial; aussi nous empressons-nous de recueillir un fait que l'on peut regarder comme une honorable exception : ce n'est pas ma faute si je vais le chercher à la Courtille.

Belleville a été témoin, il y a quelques jours, d'une cérémonie d'un nouveau genre. Un des plus célèbres cabaretiers de la Courtille, dont la fortune n'a pas gâté le cœur, s'est rappelé au milieu de son opulence, que son père, mort depuis quelques années, avait été enterré d'une manière peu convenable à l'état actuel de sa fortune. En conséquence, après avoir obtenu les permissions exigées par les lois sur l'exhumation, il a fait élever sur un terrain qu'il a acheté dans l'enceinte du cimetière de Belleville, un monument d'assez bon goût, où il a fait transporter les restes de son père. Ce n'est là qu'un exemple assez rare, mais très-simple de piété filiale; la fin est plus originale. Au retour de la cérémonie funèbre, les quatre cents personnes qui s'y trouvaient invitées, ont été réunies dans les salons de la guinguette à un festin superbe qu'avait fait préparer le cabaretier magnifique. Le repas s'est d'abord ressenti des dispositions mélancoliques qu'on y avait apportées, mais le vin qui coulait en abondance a dissipé peu-à-peu ce nuage de tristesse, et la fête a fini beaucoup plus gaiement qu'elle n'avait commencé.

— Une fantaisie qui se propage parmi les jeunes gens, est celle de décorer leurs chambres à coucher, et particulièrement le chevet de leur lit, d'armes de toutes les espèces; on se croirait dans le cabinet de Don Quichotte. Quelques-uns poussent la recherche jusqu'à grouper sur tous les panneaux des casques et des armures. Des armes offensives et défensives de tous les pays figurent dans ce grotesque ameublement, où l'on voit des poignards maures, des sabres turcs, des *ganjars* arabes, des carabines cosaques, des *chryts* malais, des *sagayes* de Madagascar, et jusqu'à des *casse-têtes* des sauvages de la Floride. Ce goût, moins ridicule que beaucoup d'autres, a fait la fortune de quelques marchands d'antiquailles, tout surpris de vendre cinq ou six louis tel objet qu'ils auraient donné pour six francs la veille.

N° IV. — *14 septembre* 1811.

LES TARTUFES.

—

O pestis! O labes!
Quelle bonté! quel fléau!

Nos mœurs, à tout prendre, valent mieux que celles des anciens; c'est un fait, et je ne serais pas fâché qu'on me le contestât, pour avoir occasion de le prouver. Dussé-je me faire lapider par nos Daciers modernes, je ne résisterai pas long-tems, je le sens bien, au besoin que j'ai de m'élever contre cette superstition scholastique, poussée au point d'offrir sans scrupule, comme objet d'étude à la jeunesse, des ouvrages où tous les charmes du style, où toutes les couleurs de la poésie sont employées à peindre les plus honteux déréglemens; contre ce respect scandaleux de l'antiquité, qui autorise les traducteurs à faire passer dans notre langue cette foule d'idées obcènes, d'aveux révoltans, dont la manifestation, même à talent égal, appellerait sur un auteur moderne le mépris public et la vindicte des lois. Ceux qui ne pensent pas qu'il suffise de répondre aux inculpations dirigées contre Anacréon, Catulle, Horace, contre le modeste Virgile lui-même, comme répondait Mme Dacier aux reproches dont Sapho était l'objet : *Elle avait beaucoup d'ennemis;* ceux-là, dis-je, rejetteront sans doute en grande partie sur les mœurs générales du tems où vivaient ces grands personnages, ce que leurs mœurs particulières ont eu de plus répréhensible : dès-lors nous commencerons à nous entendre, peut-être même finirons-nous par être entièrement du même avis.

Les anciens ont tout exagéré, les vertus et les vices; il leur est souvent arrivé de faire comme certaines gens, qui ne quittent pas un bon mot qu'ils n'en aient fait une sottise : il est rare qu'ils quittent une vertu sans en avoir fait un vice : c'est ainsi qu'il ont poussé l'amour de la patrie jusqu'au plus revoltant fanatisme, le respect des lois jusqu'à l'oubli des sentimens naturels, et l'amitié !.... Il est des choses qu'on ne doit pas même indiquer. En convenant que les anciens ont eu beaucoup de vices qui nous sont étrangers, j'ai presque dit inconnus, il faut avouer, pour être juste, qu'il en est un, sinon le plus odieux, du moins le plus méprisable; sinon le plus effrayant, du moins le plus à craindre : l'hypocrisie, *puisqu'il faut l'appeler par son nom*, qui semble appartenir plus particulièrement à nos tems modernes. Ce mot, que je prends ici dans son acception la plus étendue, doit s'entendre du masque de toutes les vertus. Molière a peint (ou pour me servir d'une expression anglaise qui rend mieux ma pensée), a *stigmatisé* le Tartufe de religion. Un auteur qui n'aurait eu besoin que de vivre et de multiplier ses ouvrages pour obtenir un rang honorable parmi les héritiers les plus proches, ou plutôt les moins éloignés de notre immortel comique, M. Chéron, a tracé avec beaucoup de talent, quoique sur un canevas étranger, le portrait du *Tartufe de Mœurs;* mais Beaumarchais, dans son autre *Tartufe*, n'a montré qu'une odieuse figure de fantaisie.

Boileau prétendait que chaque demi-siècle, et presque chaque lustre, aurait besoin d'une comédie nouvelle sur l'hypocrisie : « Il n'y aurait pas à craindre, ajoute d'Alembert, si le peintre était digne du sujet, que les portraits se ressemblassent, tant l'hypocrisie est habile à changer de forme; audacieuse et entreprenante quand elle se croit protégée, souple et insidieuse quand elle craint d'être reconnue, humble et rampante quand elle se voit démasquée. » Il m'en coûte de le dire, mais il est certain qu'à aucune autre époque, ce vice n'a été plus commun; j'y vois pourtant cette différence, que l'hypocrisie était autrefois un état, et qu'elle n'est plus aujourd'hui qu'un rôle dans la société. On le joue aussi long-tems qu'il convient aux circonstances; on y renonce brusquement aussitôt qu'elles ont changé : c'est un habit de *caractère* que l'on ne porte que pendant la durée du bal. De nos jours, l'hypocrisie prend toutes les formes, sans même en excepter les plus odieuses, et je connais plus d'un de ces Tartufes ou fanfarons de vices, comme les appelait Louis XIV, qui affectent et tirent parti des mauvaises qualités qu'ils n'ont pas.

Parmi les nombreuses variétés de l'espèce, la plus dangereuse est celle de ces faux bons

hommes dont *Mérange* est le modèle le plus achevé. Il est vrai que la nature l'a merveilleusement servi, et qu'il lui doit une partie de ses succès. Mérange est un gros homme, au front découvert, à la figure vermeille et arrondie; son geste est brusque, ses manières sont ouvertes, quelquefois bourrues; il court à vous du plus loin qu'il vous voit, vous prend la main et vous la secoue à vous démettre le poignet. Sur quelque chose que vous l'interrogiez, sa réponse commence toujours par ces mots : *A vous parler franchement....* Avec lui jamais de complimens, jamais d'éloges à craindre; c'est un vrai quaker : il déteste la flatterie; et quant à la politesse, il répète à tout propos que la véritable est dans le cœur. Si par hasard on a quelque intérêt à démêler avec lui, « il s'en rapporte entiè-
» rement à vous, car il n'entend rien aux af-
» faires; » et c'est pour cela qu'il vous renvoie à son avoué, le plus avide et le plus chicaneur de tous les hommes. Sa bourse est toujours au service de ses amis, ce qui fait qu'elle est ordinairement vide; mais s'il ne peut vous obliger lui-même, du moins s'empresse-t-il de vous indiquer un honnête usurier, auquel il a re-

cours lui-même au besoin. Maintenant, comment se fait-il qu'avec un caractère de franchise si bien établi, Mérange n'ait pas un ami, pas une connaissance qui ne se plaignent d'avoir été sa dupe ! *A vous parler franchement*, à mon tour, c'est que Mérange n'est rien moins que ce qu'il paraît ; sous ces dehors agrestes, sous ces perfides apparences d'un bourru bienfaisant, il cache une ame basse, un cœur sec et un esprit rusé : c'est un *Tartufe de franchise*.

Berville est le type d'une autre classe de Tartufes dont la société est inondée depuis quelque tems. « Il ne connaît de bonheur qu'avec une » fortune médiocre ; de vertu, que dans une » condition privée ; l'ambition, de quelque na- » ture qu'elle soit, n'est à ses yeux qu'une » source de tourmens, de besoins et de priva- » tions. » Il faut l'entendre parler des avantages de la médiocrité, des plaisirs de la vie domestique ! Comme il prouve admirablement « que la faveur des cours est ce qu'il y a au » monde de plus fragile ; qu'on ne peut faire » aucun fonds sur l'amitié des grands, et encore » moins sur leur reconnaissance ! » De combien de citations d'Épictète, de Sénèque, de Montaigne, il appuie ces vérités nouvelles! Si quelqu'un lui fait remarquer le contraste de sa conduite et de ses principes, en lui objectant qu'il n'est point d'antichambre un peu considérable où l'on ne soit sûr de le rencontrer, point d'audience de ministre où il ne se trouve, point de cercle où il ne se montre en habit brodé, Berville ne manque point d'excellentes raisons pour motiver ces inconséquences : c'est toujours le besoin d'obliger qui le conduit dans ces lieux, d'où son caractère et ses goûts l'éloignent. Depuis long-tems, je commençais à craindre d'avoir été la dupe du sage et du modeste Berville : l'aventure que M. D.... m'a racontée, il y a quelques jours, a fini par m'ouvrir les yeux. Bien convaincu, comme il le lui avait entendu répéter, que Berville avait beaucoup de crédit, mais qu'il ne l'employait qu'à être utile aux autres, M. D.... l'alla trouver un matin, et s'ouvrit à lui sur le desir qu'il avait d'obtenir une place près de vaquer par la mort de celui qui l'occupait; il lui en fit bien connaître tous les avantages, et lui en détailla toutes les convenances; Berville promit de s'occuper sans délai de cette affaire, et tint parole; il sollicita la place, et l'obtint....... pour lui-même.

Je n'ai fait qu'indiquer vaguement deux esquisses : on sent tout ce qu'un pareil cadre pourrait renfermer de portraits, si quelque peintre habile se chargeait de crayonner, d'après les originaux que je pourrais lui fournir, tant d'autres Tartufes de morale, de politique, de philosophie et de littérature.

OBSERVATIONS DÉTACHÉES.

On a beaucoup écrit, dans le dernier siècle, sur la mendicité, et sur les moyens de guérir cette affligeante maladie du corps social; ce qu'on a proposé dans un autre tems, on l'a exécuté dans celui-ci; c'est-à-dire que, pour extirper la mendicité, on s'est servi du seul moyen qu'on pût efficacement employer : on a ouvert des ateliers pour les mendians valides, et des refuges pour ceux à qui l'âge et les infirmités ôtent la ressource du travail. Cette grande et salutaire mesure ne pouvait trouver son application que sous un gouvernement fort de son intention, de sa volonté, et de ceux auxquels il en confie l'exécution : l'honneur d'avoir attaqué et détruit le premier la mendicité dans une partie de la France, appartient au sénateur comte de Pontécoulant, alors préfet de Bruxelles, et placé, pour ainsi dire, au foyer de la contagion. En moins de deux ans, le département de la Dyle, où les mendians, en nombre prodigieux, formaient une sorte de corporation qui avait ses lois, ses chefs, ses priviléges, et contre laquelle avaient échoué tous les efforts de l'ancien gouvernement ; en moins de deux ans, dis-je, le département de la Dyle n'offrit plus la moindre trace d'un fléau dégoûtant auquel il était en proie depuis des siècles.

Dans tous les départemens de l'Empire on a ouvert des dépôts et des ateliers de travail, où l'indigence laborieuse trouve une existence assurée au prix d'un travail honnête, où l'oisiveté se trouve forcée d'employer pour vivre une industrie dont elle dédaignait de faire usage. Grâce à ces mesures, qu'une police infatigable seconde avec tant de persévérance, les rues de Paris sont nettoyées de cette foule de vagabonds qui, sur les traces de *Gusman d'Alfarache*, spéculaient joyeusement sur la pitié publique. Les provocations d'aumônes, interdites aux mendians qui ont échappé aux dépôts, obligent ces derniers à mettre en jeu une industrie nouvelle pour attirer sur eux l'attention des passans. Ici, c'est un homme, jeune encore et proprement vêtu, qui se promène de long en large, dans un espace donné, comme une sentinelle, et se contente d'ôter gravement son chapeau à tous ceux qu'il juge en état d'apprécier sa politesse ; plus loin, c'est un enfant couché sur un trottoir et qui grelotte ou gémit par ordre de ses parens cachés à quelque distance, jusqu'à ce qu'on ait jeté quelques pièces de monnaie dans un vieux chapeau placé à côté de lui ; dans un autre endroit, une femme, sous les lambeaux de la misère et qui tient un enfant dans ses bras, chante d'une voix fausse et lamentable une romance où l'on dit :

> La vie est un voyage,
> Tâchons de l'embellir :
> Jetons sur son passage
> Les roses du plaisir.

Ces moyens détournés de demander l'aumône ne mettent pas long-tems ceux qui les emploient à l'abri de la surveillance qu'ils redoutent ; mais le mauvais succès des uns ne décourage pas les autres ; la fainéantise et les honteuses habitudes lutteront long-tems encore contre les institutions qui finiront par les détruire.

L'inconstance des Parisiens, leurs bizarreries, leur goût exclusif sont toujours pour moi un objet d'étonnement. Après avoir successivement délaissé les jolis bosquets du pavillon d'Hanovre, les belles allées et les magnifiques salons de Frascati, la pelouse du Ranelagh, etc., ils concentrent aujourd'hui leur promenade dans quelques toises du boulevart Italien. C'est là que, depuis six heures du soir jusqu'à minuit, quatre mille personnes se heurtent, se coudoient, se talonnent, s'étouffent de chaleur et de poussière, en croyant se promener, dans un espace de dix pieds de large, rétréci par quatre rangs de chaises. A quoi tient la préférence accordée à ce lieu ? Les toilettes y brillent-elles davantage ? Non, car c'est tout au plus si l'on se voit assez pour se reconnaître. Les rendez-vous y sont-ils plus commodes ? Non, car on ne peut parler si bas, qu'on ne risque, tant on est pressé par ses voisins, de les mettre dans sa confidence. La société du moins est-elle mieux choisie? Non, car toutes les beautés des rues d'Amboise et de Marivaux y affluent au déclin du jour. Quels charmes ou du moins quels avantages trouve-t-on dans cette promenade? aucun; mais *elle est à la mode.*

N° V. — 21 *septembre* 1811.

LA VIE DE CHATEAU.

See what delights in Sylvan scenes appear!
(POPE, *pastoral.*)
Connaissez les plaisirs de la vie champêtre.

BOILEAU aura beau dire :

Paris est pour un riche un pays de Cocagne,
Sans sortir de la ville il trouve la campagne.

Réduite à sa juste valeur, cette exagération poétique signifie seulement qu'à Paris, avec une grande fortune, on peut renfermer entre deux rues et quatre murailles un certain nombre d'arbres rabougris, de carrés de gazon, de plates-bandes de fleurs, et faire arroser le tout par un maigre filet d'eau acheté à la voie, et circulant dans une ornière de plâtre : telle est la campagne qu'on peut trouver *sans sortir de la ville.* Quant à celle qui se compose de vastes plaines, de prairies couvertes de troupeaux, de forêts que les ruisseaux arrosent, de montagnes que les torrens sillonnent, où l'on respire un air pur, où l'on ne connaît que les travaux rustiques et les plaisirs champêtres; quant à cette campagne, dis-je, quelque puissant, quelque riche que l'on soit, il faut se résoudre à sortir des barrières et même de l'atmosphère de la capitale, si l'on veut en goûter les délices. Je ne les ai jamais appréciés plus vivement que dans le petit séjour que je viens de faire à ma ferme (je me rappelle le tems où je disais à ma terre), et comme on ne parle jamais mieux des objets qui plaisent que lorsqu'on est encore sous leur influence, je demande la permission à mes lecteurs (avant de me remettre à parcourir Paris, mes tablettes en main) de jeter un coup-d'œil en arrière sur les lieux que je quitte, et de profiter des derniers beaux jours pour parler de la campagne et de tous les plaisirs dont la sagesse et l'opulence peuvent y trouver la source.

En entrant dans le *Bocage* (c'est le nom de cette partie de l'ancienne Normandie où mon bien est situé), je me suis étonné, pour la centième fois de ma vie, qu'un aussi délicieux pays, à soixante lieues de la capitale, ne soit pas couvert de châteaux et de maisons de plaisance. Le voyageur Moore, dans ses *Lettres sur la France*, pourrait bien avoir raison lorsqu'il reproche aux Français de ne pas mettre assez d'importance et de réflexion dans le choix des lieux où ils forment des établissemens. La difficulté des communications, que les riches propriétaires font valoir comme excuse, ne suffit pas pour justifier leur indifférence; une partie des sommes que plusieurs d'entr'eux dépensent si follement ailleurs pour tourmenter un terrain rebelle, pour y feindre des montagnes et des rivières, pour les surcharger de fabriques ridicules, suffirait ici pour ouvrir des routes commodes à travers un pays qui semble créé pour le plaisir des yeux.

La foudre était tombée sur les bâtimens de ma ferme; je venais pour réparer le dommage, que j'aurais pu, en toute conscience, laisser à la charge du fermier, puisqu'il avait pris sur lui, contre mes ordres positifs, d'ôter le paratonnerre que j'avais fait poser sur le corps-delogis principal ; il est vrai qu'il me donna pour raison « que ce n'était pas la mode du pays, et que ses voisins se moquaient de lui en voyant cette grande broche de fer au-dessus de son logis; » mais je ne lui tenais aucun compte de pareilles excuses, et j'aurais certainement plaidé, si j'eusse été assez jeune pour commencer un procès en Normandie.

Plus on réfléchit, plus on observe, et plus on se convainct de la fausseté de la plupart de ces jugemens portés sur une nation entière par quelques écrivains, et adoptés sans examen par les autres. Quel est le Français qui ne croit pas faire partie du peuple le plus mobile, le plus inconstant de la terre? Et cependant, pour peu que l'on observe, que l'on recherche le caractère de notre nation ailleurs que dans la capitale, où il se dénature si facilement, on reconnaîtra que, loin d'être enclin au changement, les Français sont, de tous les peuples de l'Europe, le plus esclave de ses préjugés et le plus asservi à la routine. C'est parmi les gens de la campagne, et principalement dans les provinces de l'Ouest, que la vérité de cette remarque est plus sensible. Les paysans de la

Basse-Normandie sont aujourd'hui ce qu'ils étaient du tems de Guillaume-le-Conquérant : leur manière de parler, de se loger, de se vêtir, est, à très-peu de chose près, la même; la civilisation n'a fait parmi eux aucun progrès sensible, et l'on ne s'en aperçoit pas moins à la pureté qu'à la rusticité de leurs mœurs.

Trop voisin du château de P.... pour pouvoir me dispenser d'y faire une visite de politesse, je fus accueilli par l'honorable possesseur de cet antique manoir, comme un ancien ami de son père. Il voulait absolument que je demeurasse au château; Mme de P.... insista sur cette proposition de la manière la plus obligeante; elle trouvait des réponses à toutes mes objections. « Eh bien! Madame, lui dis-je en riant, il me reste à vous faire un aveu contre lequel ne tiendra point votre bonne volonté; j'ai passé la première partie de ma vie sur mer, où l'on contracte d'assez mauvaises habitudes; j'achève l'autre dans la retraite, où l'on ne s'en corrige guère; et puisqu'il faut le dire, en toute humilité, je *fume*. » — « Tant mieux! me répondit-elle, nous avons ici le pavillon des fumeurs, et vous tiendrez compagnie à mon oncle l'amiral, qui fume comme Jean-Bart, et qui se donne bien de la peine pour ne pas jurer autant. Il y a des prévenances qui ont force de loi ; dès le soir même, je vins m'installer au château. C'est une vie délicieuse que celle que l'on y mène, et, comme le bonheur dont on jouit dans cette famille est moins le résultat de l'opulence que de la réunion des qualités, des talens et des goûts les plus aimables, quelques traits de ce tableau peuvent trouver ici leur place.

Si je faisais un roman, j'aurais du tems et du papier devant moi ; je pourrais, au risque d'ennuyer mon lecteur, lui faire, en style à la mode, la description d'un des lieux les plus beaux, les plus variés, les plus pittoresques qu'il soit possible de rencontrer, mais le tems et l'espace me pressent ; et je dois me borner à dire que le site où se trouve placé le château de P.... ne laisse rien à désirer à l'imagination la plus féconde et la plus riante. On n'y jouit pas de cette liberté extrême, que l'on a depuis quelque tems la prétention d'offrir et de trouver à la campagne, mais de toute la liberté qui se concilie avec les habitudes et les plaisirs des autres. La société se compose de douze personnes, dont cinq appartiennent à la famille de M. P...; et parmi les étrangers se trouvent cinq des artistes les plus distingués de la capitale. Les hommes se lèvent de bonne heure, ceux-ci pour aller à la chasse, à la pêche; celui-là pour étudier, le crayon à la main, quelques effets de paysages; et nous autres invalides, pour voir encore une fois naître l'aurore. On se rassemble, à dix heures, pour déjeûner; c'est le moment où paraissent ces dames; quelques-unes se lèvent plus tôt; mais, pour l'ordinaire, elles descendent ensemble. Après le déjeûner, chacun s'occupe ou s'amuse, suivant ses goûts, dans un vaste salon, dont la salle de billard n'est séparée que par des colonnes. Tandis que les uns s'exercent à ce jeu, que Mme de P.... brode ou fait de la tapisserie; que les jeunes personnes, autour du piano, écoutent M. C.... qui parcourt la partition de Didon ou d'Armide, Mlle Pauline de N.... achève le portrait au crayon de son grand-oncle l'amiral, qui se plaint qu'on le tient trop long-tems *en panne*.

Depuis une heure jusqu'à cinq on ne doit aucun compte à la société de la manière dont on emploie son tems ; c'est une partie de la journée que les maîtres de la maison consacrent aux soins domestiques et aux intérêts des habitans du lieu qui se regardent encore comme leurs vassaux.

La cloche du dîner rappelle tout le monde au salon. Mme de P.... ne s'y présente pas avec cette recherche de toilette qui en impose l'obligation aux autres ; mais en cela, comme en toute autre chose, elle donne l'exemple d'une simplicité pleine de goût, de grâce et d'élégance. Il est commun de trouver, même à la campagne, des tables plus splendides que celle de M. de P.... ; mais il en reste bien peu en France de celles où l'on fait des repas aussi gais, par la raison qu'il devient, chaque jour, plus rare de pouvoir réunir quatre femmes charmantes, sans la moindre rivalité ; des hommes d'esprit, sans aucune prétention ; des vieillards d'une humeur égale, et des jeunes gens de la gaîté tout-à-la-fois la plus folle et la plus décente. Après le dîner, s'arrangent les parties de promenade ; les uns s'emparent des bateaux, les promeneurs solitaires s'égarent sur les montagnes, les moins dispos ne quitttent pas les longues allées du parc : mais la troupe la plus nombreuse suit ordinairement la dame du château, bien sûre que ses pas se dirigent toujours du côté où il y a des secours, des consolations à donner, et des bénédictions à recevoir.

Le moment du retour est celui de l'arrivée du courrier ; les lettres, les journaux que l'on reçoit, les nouvelles que l'on apprend et que l'on se communique, en donnant un nouveau mouvement à la conversation, décident du caractère qu'elle conservera le reste de la soirée. Le dernier jour que j'ai passé à P...., il ne fut question que de la comète. Le précepteur des enfans, qui est presque aussi habile en astronomie que M. Trissotin, commençait à effrayer ces dames, en leur démontrant, à sa manière, qu'un jour ou l'autre, notre terre ne pouvait manquer d'être mise en poudre par le choc d'un de ces astres vagabonds, lorsque Mme de St.-C.... vint nous lire le *post-scriptum* d'une lettre que venait de recevoir sa femme-de-chambre ;

la mère de cette jeune fille lui écrivait mot pour mot (*) :

« Ta **maîtresse et toi**, vous avez bien mal pris votre tems pour aller à la campagne ; on *montre* à Paris une comète superbe : j'ai déjà été la voir trois fois sur le pont des Arts ; et comme ça ne vient que tous les mille ans, à ce qu'ils disent, je suis bien fâchée que tu aies manqué une si belle occasion. »

La simplicité de cette bonne-femme, qui s'imaginait que la comète ne se voyait qu'à Paris, nous fit tant rire, qu'il fut impossible à l'abbé de ramener la discussion au point de gravité où l'avait montée ses raisonnemens.

C'est ordinairement par un petit concert que se termine une journée dont tous les momens ont été utilement ou agréablement employés. Lorsque la soirée est belle, on fait de la musique en pleine campagne ; et peut-être faut-il avoir entendu la voix ravissante de Mme A... de St.-C..., la basse harmonieuse de M. de La Marre, sous l'azur d'un beau ciel, dans le calme de la nuit et des bois, pour se faire une idée

---

(*) Le fait est vrai.

de toute la puissance d'un art qui prête un nouveau charme aux beautés de la nature.

OBSERVATIONS DÉTACHÉES.

« COMMENT, c'est vous, ma chère ? déjà de retour à Paris ! — *Ne m'en parlez pas* (locution à la mode), j'y meurs d'impatience, de chaleur, de poussière et d'ennui ; mais vous-même, ma belle, comment n'êtes-vous pas sur les bords de l'Orne, dans ce *bel-respiro* où nous avons passé l'année dernière un mois si délicieux ? — Que voulez-vous ? De maudites affaires, très-importantes, vrai. — C'est comme moi, des signatures à donner à un notaire, un enfant malade. — Sans doute, sans compter qu'Alfred ne peut pas souffrir la campagne. — Sans compter que votre mari n'en sort pas. — N'importe, je n'attends plus qu'une dernière représentation d'*Armide*, et je revole aux champs. — Il n'y a que cela de bon, ma chère, les prés, les bois, les fleurs ! Alfred suit exprès pour moi un cours de botanique. » Cette conversation, que le hasard me mit à portée d'entendre, se passait entre deux jeunes dames aux

Champs-Elysées : malheureusement quelqu'un les aborda, et leur entretien fut interrompu, mais la note était prise et devait servir de texte à quelques observations que j'ai recueillies sur le goût de nos belles pour la campagne. Pendant tout l'hiver, et sans rien perdre des plaisirs de cette saison brillante, elles soupirent après le retour du printems, ne rêvent que promenade au clair de lune, déjeûner dans les laiteries, bal champêtre sous le vieux chêne ; le mois de mai arrive enfin ; *mais* les beaux jours sont encore incertains, les matinées sont trop fraîches (pour des gens qui ne se lèvent jamais avant midi), et d'ailleurs on ne veut pas perdre les derniers concerts du Conservatoire, qui valent bien, après tout, les premiers chants du rossignol. On voulait partir au premier de juin, mais les ouvriers n'avaient pas encore posé le nouveau billard que l'on fait monter dans le salon même, pour la commodité de la conversation. Tout est prêt pour le 15, les chariots partis la veille sont chargés de tables de jeu de trictrac, de jeux d'échecs et de dames, de sixains de cartes, etc.; le précepteur des enfans a fait la provision de romans ; il a complété la collection des proverbes de Carmontelle, rien n'est oublié, comme on voit, pour jouir avec délices des beautés de la nature et des plaisirs de la campagne. Le départ est déjà une fête. En avant, les jeunes gens à cheval, ou sur de légers bocqueys, précèdent la brillante calèche où sont réunies toutes les jeunes femmes ; les grands parens et les marmots suivent derrière dans la pesante berline. On arrive au château; les premiers momens sont délicieux ; on les emploie à la distribution des logemens, travail essentiel, et qui suppose dans une maîtresse de maison une finesse de tact, un sentiment des convenances, une expérience du monde qui ne s'acquièrent qu'à Paris. Dès le lendemain on ne pense plus qu'aux moyens d'oublier la campagne, et d'y rappeler les amusemens de la ville. A onze heures la cloche sonne le déjeûner; mais il est rare que les dames y paraissent : l'une a si mal dormi qu'elle s'est recouchée en sortant du bain ; l'autre boude ; celle-ci a son courrier à faire, et cette autre un roman à finir. La plupart du tems il y a une bien meilleure raison que tout cela, mais on ne la donne pas ; et d'ailleurs n'est-on pas convenu en arrivant que la plus entière liberté est le privilége de la campagne ? il est tout simple qu'on en use, et chacun passe sa matinée comme il l'entend. A cinq heures le *premier coup* du dîner avertit les hommes qu'il est tems de songer à leur toilette (car quelle que soit *la liberté* dont on jouisse à la campagne, malheur à qui se laisse entraîner par le charme de la promenade au point d'arriver au moment où l'on se met à table ! Il ne peut décemment s'y présenter dans le négligé du matin, et doit perdre à s'habiller un tems dont son appétit réclame un autre emploi). A six heures tout le monde est réuni au salon, paré comme dans une soirée d'hiver. On annonce à Madame qu'elle est servie; on passe dans la salle à manger, où les lambris de marbre, les surtouts de vermeil, ornés de fleurs artificielles, ne vous rappellent encore que le luxe de la ville : mais au dessert la beauté des fruits amène naturellement l'éloge de la campagne, sur laquelle on se prépare à dire les plus jolies choses du monde, lorsque le maître de la maison, espèce de sénateur *pococurante*, déjoue toutes les prétentions, en apprenant à ses convives, que ces fruits magnifiques ont été achetés à la Halle; et qu'il n'a dans ses jardins que des arbres fruitiers à fleurs doubles. On se lève de table, et l'on va prendre le café dans une espèce de kiosque, d'où l'on découvre Paris dans toute son étendue, et dont on peut même s'amuser à compter les maisons, au moyen des télescopes braqués à toutes les fenêtres. C'est l'heure de la poste, on se dépêche de redescendre au salon pour recevoir ses lettres et lire les journaux, que l'on s'arrache comme au café *Valois*. Après cette lecture, et les discussions qui en sont ordinairement la suite, on se décide enfin à faire un tour de promenade; mais il est déjà huit heures, le temps est humide, le serein à ses dangers; les jeunes gens restent au billard, ces dames n'iront pas loin. On rentre à neuf heures; que faire jusqu'à une heure, que l'on se couche? Les jeux innocens sont bien niais, les cartes bien tristes, la conversation bientôt épuisée; on joue la comédie; on fait choix d'un proverbe de Carmontelle, on se dispute les rôles; les démêlés de coulisses s'établissent dans le salon; et, s'il est permis de le dire, c'est à ces petites tracasseries qu'on doit les momens les moins ennuyeux que l'on passe à la campagne. Mais cette ressource s'use, l'ennui gagne, chacun se crée des affaires pour avoir un prétexte d'aller passer un jour à Paris, les voyages deviennent plus fréquens, et les premiers jours de septembre ramènent définitivement à leur hôtel du faubourg Saint-Germain, des gens qui pouvaient se dispenser d'en sortir.

— La plupart des pièces de Dancourt frondent des mœurs, des usages ou des ridicules particuliers à l'époque où il écrivait, et l'on doit convenir que si la gaîté, la franchise de son dialogue, sont de tous les tems, ses sujets ont perdu la plus grande partie de leur mérite, celui de l'à-propos. Dans le très-petit nombre de pièces où il a peint des ridicules plus durables, il en est une (*la Maison de Campagne*) dont le fonds et les caractères conviennent de tous points au moment actuel. Que de MM. *Bernard* dans Paris, qui, sans aucun goût pour la campagne, sans aucun moyen de le satisfaire (supposé que ce goût leur vienne), se croient obligés d'*avoir une maison de campagne pour se délasser de leurs affaires et pour y recevoir un ou deux amis à la fortune du pot!* Rien de plus risible, à l'examen, que cette manie qui descend aujourd'hui jusqu'à la classe bourgeoise la moins aisée. Le plus petit mercier de la rue Quincampoix, le plus mince employé d'une administration subalterne veut pouvoir dire : *ma campagne*. Il est vrai qu'il n'entend par-là, ni une jolie habitation sur les bords de la Seine ou de la Marne, ni une bonne ferme dans la forêt de Saint-Germain ou de Fontainebleau, ni même un pied-à-terre dans les bois de Meudon, dans la vallée de Montmorency ou sur la colline d'Auteuil. Ce que notre petit bourgeois entend par sa campagne, c'est environ quatre toises carrées de marécage dans l'*Allée des Veuves*, ou le plus souvent une chambre garnie dans la grande rue de Chaillot.

N° VI. — 21 *septembre* 1811.

LETTRE D'UN BOURGEOIS DU MARAIS,

A L'HERMITE DE LA CHAUSSÉE-D'ANTIN.

—

Nicole dit quelque part, que, dans le monde civilisé comme il l'est aujourd'hui, il n'y a rien de plus heureux qu'un bourgeois qui a dix mille livres de rente. Tout le monde travaille pour ses besoins et pour ses plaisirs : c'est pour lui que les villageois quittent chaque jour leur demeure pour apporter à la Halle les plus beaux fruits de la saison ; c'est pour lui qu'il se forme tous les jours des cuisiniers chargés d'apprêter les mets les plus délicats; c'est pour lui qu'on bâtit les hôtels les plus commodes; lorsqu'il voyage, il est par-tout attendu, et trouve par-tout des gens empressés de le recevoir et de le servir. Lorsqu'il est malade, on court au-delà des mers chercher des remèdes pour le guérir.

Voilà sans doute, M. l'Hermite, un bourgeois bien heureux : eh bien! je suis ce bourgeois-là, et je bénis le ciel tous les jours; habitant Paris, né dans un siècle de merveilles, la vie n'est pour moi qu'un magnifique spectacle; je jouis de tout ce que je vois, de tout ce que j'entends : il me semble que tout ce qu'on fait est pour moi; c'est pour ma commodité qu'on perce les rues de toutes parts, et qu'on agrandit les places publiques; c'est pour moi que deux cents fontaines versent leurs eaux, qu'on élève par-tout des monumens; c'est pour moi que le génie des arts enfante ses prodiges, et que cinquante mille ouvriers travaillent jour et nuit à orner la capitale. Convenez donc, M. l'Hermite, qu'il n'y a point d'être plus heureux qu'un bourgeois de Paris qui a dix mille livres de rente, et qui a le loisir de tout voir.

Nous autres bourgeois, nous sommes naturellement curieux, et les journaux ne sont pas une de nos moindres jouissances : nous n'avons pas besoin d'envoyer des couriers vers le Danube, vers le Dniéper, à Londres, à

Vienne, à Pétersbourg pour savoir ce qui s'y passe. Quoique les nouvelles des journaux ne soient pas toujours regardées comme authentiques, je les crois cependant comme mot d'Evangile, et je ferais volontiers comme ce bourgeois de la rue Saint-Denis, qui alla se mettre au lit, parce qu'il avait lu dans la Gazette qu'il s'était cassé la jambe.

J'ai l'esprit paresseux, et ce qui me charme le plus dans la lecture des journaux, c'est le feuilleton, où l'on trouve des jugemens tout faits sur toutes les matières. Je ne sais comment faisaient les Grecs et les Romains qui n'avaient point de feuilletons. La civilisation était alors bien peu avancée; aussi les dames romaines, et sur-tout les dames grecques allaient fort peu le soir dans le monde, où elles n'avoient presque rien à dire; j'aime à croire que les modes étaient encore dans l'enfance, et que le goût en littérature n'étoit guère plus avancé. En effet, comment pouvait-on juger les vers d'Euripide, de Sophocle et de tant d'autres? Je crois qu'on disait sur tout cela bien des sottises, et je me persuade que l'antiquité n'a été réellement bien jugée que depuis que le monde a des feuilletons.

Les bourgeois de Paris sont bien plus heureux que ceux d'Athènes; ils trouvent par-tout des gens qui se donnent la peine de penser pour eux. Pour moi, j'éprouve des momens de délices, quand je songe que s'il paroît une pièce nouvelle, s'il s'élève un monument, s'il arrive sur notre horizon une comète, vingt journalistes sont chargés de m'en rendre compte. Lorsqu'un livre ou une brochure vient de paroître, ils se chargent de le lire pour moi, et de m'avertir de ce que je dois en croire. Convenez donc, M. l'Hermite, qu'il n'y a point d'être plus heureux qu'un bourgeois de Paris qui n'a rien à faire et qui a dix mille livres de rente.

Je trouve les journaux si commodes, que je ne fais presque plus d'autre lecture. Marmontel disait qu'on trouvait de tout dans les livres; on peut en dire autant des journaux; j'y trouve tout ce que je veux savoir; je vois tout par les yeux des journalistes; c'est d'après eux que je pense; c'est d'après eux que je forme mes opinions; je me garde bien de parler d'une chose avant que les journaux en aient parlé; il m'est arrivé une fois ou deux de blâmer ou d'approuver un ouvrage d'après moi-même, et le lendemain, en lisant le journal, j'étais tout honteux d'avoir hasardé un avis qui n'était pas celui du feuilleton. Maintenant, quand je vais voir un monument nouveau, je reviens lire mon journal pour savoir si je dois l'admirer; quand j'ai entendu Talma, j'attends que le feuilleton me dise s'il a bien joué. A présent que les journaux ne parlent plus des théâtres des boulevarts, je n'entends plus rien aux mélodrames, et j'ai fait le serment de ne plus y aller; je n'assiste plus aux premières représentations, car je veux savoir d'avance les endroits où je dois rire ou pleurer. Vous voyez, M. l'Hermite, que grâce aux feuilletons, mon esprit reste dans un parfait repos, et que mes plaisirs ne me donnent pas la moindre peine. Convenez donc qu'il n'y a point d'être plus heureux qu'un bourgeois de Paris qui a dix mille livres de rente, et qui n'a rien à faire.

Il me reste cependant un grand embarras; il est beaucoup de choses dont les journaux ne parlent point, et je me trouve quelquefois dans une incertitude qui devient pour moi un supplice : je suis fort aise, M. l'Hermite, de savoir que vous envoyez au *Feuilleton de la Gazette de France* vos observations sur les mœurs de la capitale ; je pourrai savoir à quoi m'en tenir sur ce point. Quelques-uns de mes voisins du Marais, se sont étonnés que vous ayez placé votre hermitage à la Chausssée-d'Antin ; pour moi, j'en suis charmé ; ce quartier est si loin de nous, que, sans vous, nous ne pourrions en avoir de nouvelles. Je me rappelle qu'un vieux président du Marais, pour achever l'éducation de son fils, l'avait envoyé passer quelques jours au Palais-Royal et à la Chaussée-d'Antin ; quand le jeune homme revint dans ses foyers, son père ne le reconnut point ; et il ne reconnut point son père, tant son éducation était achevée. J'espère, M. l'Hermite, que vous nous direz ce qui se passe dans votre quartier, et que vous nous informerez aussi de ce qui se passe dans le nôtre ; dites-moi, je vous prie, si, à la Chaussée-d'Antin, on estime beaucoup l'*Ogresse* des Variétés : au Marais, elle jouit encore d'une grande réputation : je voudrais bien que cet engouement vous parût bizarre et de mauvais goût. Vous n'avez rien dit encore de la comète ; cependant, si j'en crois quelques-uns de mes voisins, elle exerce une grande influence sur les choses d'ici-bas : c'est la comète qui dessèche les fontaines, et qui nous occasionne la sécheresse; lorsque les bonnes femmes sont malades, c'est la comète qui leur a donné la fièvre ; lorsqu'on bâille aux dernières œuvres de Mme de Genlis, c'est encore la comète qui en est la cause. J'avoue que j'ai besoin de voir de pareilles opinions consignées dans un journal, pour y ajouter foi; il court encore d'autres bruits alarmans sur la comète. Je ne serai tranquille que lorsque vous m'aurez dit qu'elle passera sans nous faire de mal ; rassurez-moi, je vous prie, et faites que je puisse dire : *Il n'y a point d'être plus heureux qu'un bourgeois du Marais qui a dix mille livres de rente, et qui n'a point peur des comètes.*

Un Bourgeois du Marais.

N° VI. — 5 *octobre* 1811.

RÉPONSE A UN BOURGEOIS DU MARAIS.

———

L'homme le plus heureux est celui qui croit l'être.
FÉNÉLON.

Je me garderai bien, mon cher Monsieur, de chercher à vous prouver qu'*avec vos dix mille livres de rente*, vous n'êtes pas l'homme le plus heureux de la terre; vous me répliqueriez par mon épigraphe, et je n'aurais pas le mot à répondre; mais il est bon de vous prévenir que votre bonheur, du moins celui dont vous me faites la peinture, n'est pas tout entier dans votre caractère; il tient en grande partie au quartier que vous habitez, et vous ne pourriez en franchir les limites sans courir le risque de perdre les douces illusions dans lesquelles vous avez tant de raison de vous complaire. Si je cédais à l'envie très-peu charitable d'établir un parallèle entre les besoins, les occupations, les plaisirs du *Marais* et ceux de la *Chaussée-d'Antin*, vous verriez que ce revenu de *dix mille livres de rente* qui vous donne tant de relief dans la rue *Boucherat*, vous laisserait bien inconnu dans celle du *Mont-Blanc*, et qu'il vous faudrait renoncer à toutes ces petites jouissances de la vanité auxquelles tout *bon bourgeois* attache tant de prix. Vous paraissez croire, Monsieur, que dans mon bruyant hermitage, je ne me fais pas une idée bien exacte des délices de la Place-Royale; vous êtes dans l'erreur. Je connais depuis long-tems ce quartier vénérable, que la médiocrité, les préjugés et les Juifs ont choisi pour asile. Je suis bien convaincu qu'avec vos dix mille livres de rente, vous y goûtez tous les agrémens de la vie (du Marais). Je vous vois installé, pour vos cent écus, au premier étage de l'ancien hôtel de quelque conseiller de la grand'chambre. Votre appartement n'a pas été décoré par Boulard; mais en revanche, il est orné de glaces de Venise, avec bordures à facettes, en verre colorié, de grands panneaux à personnages à la manière de Vatcau, et de dessus de portes de Coypel ou de Boucher. Un meuble de tapisserie en camaïeux garnit votre chambre à coucher. Le matin à neuf heures, vous déjeûnez en famille, avec du café que vous faites bouillir avec le lait ; ce qui vous donne le moyen de tirer parti du marc. Ce repas donne le tems à votre *valet-de-chambre* de laver la demi-fortune et de panser le cheval; après quoi quittant la casaque de *palefrenier*, maître Jacques endosse la redingotte *de cocher;* et après avoir fait les fonctions *de laquais* en vous ouvrant la portière, il vous conduit au jeu de paume de Charrier, où vous passez agréablement une heure ou deux à compter les *chasses* de quelques parties. A deux heures, avant de rentrer au logis, vous manquez rarement d'aller lire les journaux au Jardin-Turc. La canne entre les jambes, assis sur une des banquettes rembourées de la terrasse, vous lisez bien lentement, et en remuant les lèvres, un journal qu'attendent vingt personnes qui ont acquis, en déjeûnant, un droit que vous vous arrogez par habitude.

La tête bien meublée des progrès des Serviens, des séances de la diète de Hongrie (que vous confondez quelquefois avec les débats de la chambre des pairs), vous rentrez chez vous faire un dîner simple et modeste, qui serait peut-être dédaigné par M. Grimod de la Reynière. La frugalité de ce repas ne laisse pas de tenter quelqu'ami qui vient de l'Estrapade pour en prendre sa part. Deux ou trois douairières de la rue de Paradis ou de la Perle, viennent régulièrement tous les soirs faire votre boston; et c'est ainsi que s'achève, à neuf heures, une journée dont tous les momens ont été si utilement et si agréablement employés. Je ne vous ai entretenu aujourd'hui que de vos plaisirs d'habitude; une autre fois je parlerai de vos plaisirs accidentels; je vous rappellerai vos réunions de famille, vos dîners en ville, vos petites débauches chez Bancelin ou au Cadran-Bleu, à la suite desquelles il vous arrive quelquefois de vous cotiser pour avoir une loge au nouveau mélodrame. Vous voyez que j'ai des notions assez positives sur votre manière d'être ; vous ne doutez pas que je ne sois au moins aussi bien instruit de la vie que mène un homme opulent dans le quartier que j'habite ; je vous en mettrai sous les yeux une peinture fidèle, et ce sera votre affaire ensuite de prononcer quel est le plus heureux d'un riche financier de la Chaussée-d'Antin ou *d'un riche bourgeois du Marais, qui n'a pas peur de la comète.*

J'ai l'honneur de vous saluer.

OBSERVATIONS DÉTACHÉES.

Un Anglais, d'un tour d'esprit assez plaisant, a fait, il y a quelques années, un livre de ce qu'il appelle, les *Tribulations de la vie humaine*. Il aurait pu l'augmenter du chapitre des *tics* et des manies, dont quelques personnes sont atteintes, et qui font à leur insu, le supplice de ceux qui les entourent. C'est un homme plein de sens que M. B.; bien qu'il parle beaucoup, on l'écouterait avec plaisir, n'était l'habitude qu'il a contractée de vous déboutonner votre gilet en causant, ce qui n'est pas sans inconvénient pendant l'hiver. Tout le monde connaît le vénérable L....; il sait beaucoup d'histoires, il aime à les conter; mais on les a tant entendues, que ce n'est plus qu'à force de ruse qu'il peut, de tems en tems, s'assurer un auditeur. C'est quelque chose d'assez amusant que de l'examiner dans un salon, choisissant sa victime, et prenant tous ses avantages pour qu'elle ne puisse lui échapper. Pour première sûreté, il saisit son homme par un bouton de son habit, l'isole du groupe où il se réfugie, et le conduit avec adresse dans un angle de l'appartement, où il l'incruste, pour ainsi dire, et le tient bloqué jusqu'à ce qu'il ait entendu, pour la vingtième fois peut-être, l'anecdote du régent et du cardinal Dubois au bal masqué, ou telle autre aventure aussi nouvelle. Il n'est guère plus facile de prendre son parti sur l'entretien humide de M. R., dont les paroles ne se font jour qu'à travers la pluie très-fine que ses lèvres font voler autour de lui ; sur la manie du c.... de V.... qui affecte de parler très-bas, et ne manque guère de vous prévenir qu'il est malhonnête de faire répéter, etc., etc. Chacun de nos lecteurs se rappellera sans doute plus d'un original qui pourrait figurer dans cette galerie.

— L'usage des voitures de place est d'une utilité si généralement reconnue, qu'on est tout étonné d'apprendre qu'il ne date que du commencement du dernier siècle, et qu'avant cette époque, on ne se servait que de brouettes ou de chaises à porteur. Ce fut un maître d'auberge de la rue Saint-Antoine qui eut la première idée de cette utile entreprise; son enseigne était à l'*Image Saint-Fiacre*, et c'est de là que vient le nom que les voitures de place ont toujours porté depuis. Le luxe des équipages ne remonte pas à une époque beaucoup plus reculée. Laporte raconte que dans l'enfance de Louis XIV, ce prince voulant aller se baigner à Conflans, fut obligé d'y renoncer, *vu le mauvais état de ses carrosses*. A deux siècles de là un conseiller au parlement se rendait au palais sur une mule, et donnait assez souvent la croupe à un confrère. Mais pour ne parler que des changemens qui peuvent encore avoir des témoins vivans, nous observerons que, vers le milieu du siècle dernier, on ne comptait à Paris que six ou sept cents voitures bourgeoises; qu'on en compte aujourd'hui quatre mille, et que le nombre des fiacres s'est accru dans une proportion beaucoup plus rapide encore. Il en existe aujourd'hui deux mille; ce qui suppose, pour l'entretien de la voiture, des chevaux et du cocher, un gain journalier de 15 francs environ, produit d'une douzaine de courses à 1 fr. 50 cent., au terme du réglement. On avait annoncé l'année dernière, comme devant incessamment paraître, un petit poëme de la façon d'un cocher de fiacre; s'il existe en effet quelque bel esprit qui sache manier le fouet et la plume, il devrait bien nous faire l'historique de ses courses, seulement pendant un mois. Quelle foule d'observations ne pourrait-il pas recueillir ! quelle foule d'originaux n'aurait-il pas à dépeindre ! ce solliciteur, ce candidat en bas de soie, dès 9 heures du matin, qui court assiéger l'antichambre de l'homme en place, qui rêve au moyen d'éluder sa visite; ces champions moins bouillans le matin que la veille, et qui, tout en s'acheminant vers le bois de Vincennes où doit se vider leur querelle, font de sages et tardives réflexions sur la force d'un préjugé plus difficile à braver que la mort; cette jeune dame cachée sous un voile, qui monte en fiacre d'un air si inquiet, en indiquant tout bas *les bains Saint-Joseph;* ce drapier de la rue Saint-Denis, tout fier de marier sa fille à un contrôleur des contributions, et qui trouve le moyen de faire entrer dans la voiture les douze personnes de la noce. L'intérieur d'un fiacre serait une chose bien amusante à connaître; et qui pourrait s'y cacher pendant huit jours, aurait en sortant de là bien des révélations à faire.

— On reprochait, il y a quelques jours, à un jeune homme à qui il ne manque que de l'instruction et du bon sens pour avoir de l'esprit, de vivre dans le désœuvrement le plus complet; et l'on fut fort surpris de l'entendre soutenir qu'il était un des hommes les plus occupés de Paris, par la seule raison qu'il en était le plus à la mode; ce qui suppose, selon lui, une foule de recherches, de connaissances dont on est bien loin de se douter. « Qu'un de vous, ajouta-t-il, ait besoin d'une paire de bottes, il la commande à son cordonnier, et pour peu qu'elle soit à-peu-près dans les formes convenues, il croit, avec cela, pouvoir le matin se présenter partout; mais moi, qui me dois à moi-même et aux autres de ne rien produire que le bon goût et le bon ton n'avouent, je sais qu'un homme qui se respecte ne doit porter de bottes russes que celles qui sortent de chez *Asthley*; que le seul homme pour la botte à revers est le fameux *Doche*; qu'il faut s'adresser à *Kiggen* pour les bottes militaires, à *Sakosky* pour les bottes à l'écuyère, etc. Le nom de *Leroy* est dans toutes les bouches; mais combien y a-t-il de gens qui savent qu'il n'est véritablement inimitable que pour les chapeaux, et que Mlle *Despeaux* lui est très-supérieure pour l'invention du bonnet; qu'*Herbault* n'a point de rival dans l'art de couper un manteau de cour; *Laboullée* pour la grâce de ses sultans, la richesse de ses corbeilles de mariage et de baptême ? S'agit-il de bijoux ? je suis bien sûr de vous apprendre que *Mellerio* est le premier homme du monde pour les bagues hiéroglyphiques et lithologiques; *Nitot* pour le dessin et la monture des boucles d'oreilles; *Pitaux* pour la magnificence de ses diadêmes, et le mobile éclat de ses aigrettes : je ne parle point des riches broderies de *Picot*, des dentelles magnifiques de Mme *Colliau*, des étoffes de *Lenormand*, etc., etc. » Ce jeune homme se préparait à nous ouvrir les trésors de son érudition; mais l'arrivée de son tailleur, avec lequel il avait à délibérer sur les pointes d'un gilet, interrompit une conversation qu'il nous promit de reprendre quelque jour.

N° VII. — 12 *octobre* 1811.

MAISON D'ÉDUCATION.

DISTRIBUTION DE PRIX.

—

Grandia sæpe quibus mandavimus hordea sulcis,
Infelix lolium et steriles dominantur avenæ.

VIRG., Egl. 5.

Sur ces champs où nos mains semaient l'orge fertile,
Dominent les chardons.— *Trad. de* M. TISSOT.

Si jamais je fais un Traité d'Education (envie qui peut me prendre comme à un autre), je poserai en principe que les garçons doivent recevoir une éducation publique, et les filles une éducation privée; et j'en déduirai cette conséquence immédiate, que le ressort de l'émulation, d'un effet sûr, d'une utilité si incontestable pour les uns, a nécessairement de grands inconvéniens pour les autres. Ainsi je blâmerai et j'approuverai tour-à-tour ces exercices publics, ces distributions de prix solennelles qui terminent avec tant d'éclat l'année scholastique, suivant que j'envisagerai cet usage dans l'application qu'on en fait aux écoles de l'un et de l'autre sexe. Quand je me reporte aux premières années de ma jeunesse, ce n'est pas sans une bien vive émotion que je me rappelle toutes les circonstances dont ces fêtes de collége étaient jadis accompagnées; l'appareil de ces quatre facultés en robe, la gravité des échevins, la joie bruyante des élèves lauréats, la satisfaction plus douce, mais non moins vive, de leurs parens; cette proclamation des vainqueurs au bruit des applaudissemens et des fanfares; ces larmes des mères, en pressant contre leur cœur l'enfant couronné qui venait se jeter dans leurs bras. Ce tableau touchant que je retrouve dans mes souvenirs, à quelques changemens près, est encore sous mes yeux; et si les objets se retracent un peu moins agréablement à ma vue qu'à ma mémoire, c'est que j'ai quinze ans dans un cas, et soixante et dix dans l'autre; c'est que je me souviens d'avoir été jeune acteur dans ces fêtes dont je ne suis plus qu'un vieil amateur aujourd'hui. Un souvenir en réveille un autre; je ne me retrouve pas plutôt au collége du Plessis, que je revois ma sœur au couvent de l'Assomption, d'où elle ne sortit que trois mois avant son mariage. Peut-être l'éducation des filles, dans ces maisons religieuses, était-elle par trop *somptuaire*. Elle se bornait à quelques principes de grammaire et d'arithmétique, à la connaissance de l'histoire sacrée et aux élémens de l'histoire profane : les talens agréables étaient plus négligés encore que les études sérieuses ; mais en revanche, les jeunes personnes, au sortir du couvent, auraient pu, comme Arachné, défier Minerve elle-même dans tous les ouvrages à l'aiguille. C'était dans l'intérieur du cloître, sans faste et sans éclat, que l'on distribuait aux pensionnaires, à la fin de l'année, des prix aussi modestes que les travaux dont ils étaient la récompense. Les choses se passent bien différemment aujourd'hui ; je viens de recueillir, à ce sujet, quelques observations dont je veux faire part à mes lecteurs.

J'étais, il y a quelques jours, en visite chez Mme la comtesse de V...., où je vais assez souvent depuis la naissance de ce fils dont j'ai l'honneur d'être parrain. « Vous arrivez à propos, me dit-elle, et vous m'accompagnerez;

je vais à une distribution de prix chez la maîtresse de pension de ma fille.» — « De votre fille, Madame... Je ne croyais pas... » — « Comment ! je ne vous ai pas encore parlé de ma fille, de ma petite Laure ? Elle a près de douze ans, c'est un petit prodige; elle aura je ne sais combien de prix; je veux que vous l'interrogiez. » Tout en parlant, Mme de V... me conduisait à sa voiture; nous y montons, et nous arrivons, dans un des faubourgs de Paris, à *l'Institution* de Mlle P.... Le péristyle intérieur d'un très-bel hôtel avait été transformé en théâtre, et la cour était couverte de gradins sur lesquels étaient rangées deux ou trois cents personnes; on eût dit une première représentation d'Opéra. Une des institutrices, faisant fonction de maîtresse de cérémonies, vint au-devant de nous et nous conduisit à la place qui nous était réservée. Bientôt après, cinquante ou soixante jeunes filles se montrèrent en public sur un théâtre, dont la plupart d'entr'elles semblaient avoir l'habitude. Madame de V.... crut devoir me faire remarquer que toutes les élèves portaient *l'habit de la maison*, c'est-à-dire, une robe de couleur bleu tendre, garnie de rubans blancs.

Cet usage, ajouta-t-elle, a pour but de faire disparaître l'inégalité des fortunes. Je ne pus m'empêcher de sourire en remarquant que la fille de cette dame portait une robe de lévantine bleu tendre, d'une forme très-élégante; qu'un peigne en corail relevait ses cheveux; qu'un rang de perles ornait son col, et qu'un schall de cachemire était jeté sur le dossier de sa chaise; tandis que celle de ses compagnes qui se trouvait assise auprès d'elle était vêtue d'une simple robe de toile, de la couleur uniforme, avec un ruban blanc dans ses cheveux. Je demandai le nom de cette jeune personne, dont la grâce et la figure paraient singulièrement la toilette; j'appris qu'elle se nommait Amélie R....; qu'elle était fille d'un brave militaire tué à Iéna; qu'elle devait entrer à Ecouen, et qu'en attendant, elle était reçue à demi-pension dans la maison de Mlle P.... Les exercices tardaient à commencer, et pour mettre le tems à profit, je m'amusai du manége des maîtres; qui passaient et repassaient entre les rangs des spectateurs pour recevoir quelqu'à-compte sur le tribut d'éloges qu'ils croyaient mériter. Je suivis des yeux la maîtresse de la pension; je la voyais accabler de révérences et de complimens les mères dont les équipages étaient à la porte; mêler quelques mots de reproches aux éloges des enfans dont les parens étaient venus en remise; saluer à peine ceux qu'elle avait vu descendre d'un fiacre; ce qui me fit conjecturer que ceux à qui elle ne disait rien devaient être arrivés à pied.

Une symphonie annonça l'ouverture de la séance. Des harpes, des pianos, des solféges, des cartons de dessins étaient rangés sur les côtés du théâtre; la planche noire destinée aux démonstrations mathématiques occupait le fond; le milieu était réservé pour la danse. L'honneur d'être venu avec Mme de V.... me valut, de la part de la maîtresse, celui de commencer les examens. Je fus invité à interroger les élèves: la fille du militaire fut la première sur qui je jetai les yeux, et j'ouvrais la bouche pour lui adresser la parole, lorsqu'une maîtresse de quartier me fit observer que cette jeune personne n'étant pas destinée à continuer ses études dans le pensionnat, se trouvait par cela même exclue du concours; je fus obligé de me contenter de cette raison, qui n'était probablement pas la véritable. Mme de V... m'avait prié d'examiner sa fille, et l'un des professeurs, en s'avançant sur l'avant-scène, avait eu soin de prévenir l'auditoire que ces demoiselles répondraient sur la *grammaire*, les *mathématiques*, la *physique*, la *botanique* et *l'histoire:* en conséquence, et croyant mettre la jeune élève bien à son aise, je l'interrogeai sur les *parties du discours;* malheureusement ce n'était pas, comme Petit-Jean, son commencement qu'elle savait le mieux; elle balbutia quelques mots inintelligibles, et pour mettre fin à son embarras, je passai à l'Histoire de France : je la priai de me dire quels étaient les événemens principaux du règne de Henri IV; elle me parla de la *bataille de Pavie* et du *siége de La Rochelle.* Bien convaincu que je ne l'avais pas encore placée sur son terrain, je hasardai quelques questions sur la physique et la botanique, et cette fois, grâce à certains mots techniques de *calice*, de *pistil*, de *corolle*, de *fluide*, de *gaz* et d'*électricité*, qu'elle entremêla dans ses réponses, de manière à me prouver qu'elle n'en avait pas une idée bien nette, elle excita dans l'assemblée un murmure d'admiration, un concert d'applaudissemens qui l'accompagnèrent jusqu'à sa place.

Les arts d'agrément eurent enfin leur tour, et l'amour-propre des élèves et des maîtres y trouva un ample dédommagement : les dessins furent trouvés charmans; ils l'étaient en effet, et il ne s'agissait plus que de savoir la part qui devait en rester à l'écolière. Le pas du schall, le bollero, la gavotte furent dansés avec une perfection qu'on croirait ne devoir trouver qu'à l'Opéra. La petite Laure enleva tous les suffrages dans l'air : *Voi che sapete*, de Mozart, et tout le monde convint qu'elle y mettait une expression dont la comparaison n'était pas à l'avantage de Mme Barilli. La maîtresse de pension ne manqua pas de profiter de ces momens d'enthousiasme pour procéder à la distribution des prix. On apporta sur l'avant-scène deux coffres pleins de livres et trois grandes corbeilles remplies de couronnes. Personne ne pleura, il y en eut pour tout le monde; et Laure eut, pour sa part, trois grands prix, deux seconds et cinq *accessit*. La seule Amélie avait été oubliée dans cette distribution générale. On se rappela cependant qu'elle ayait obtenu le prix de sagesse. Elle s'avança, les yeux baissés; on lui remit un simple nœud de rubans, et l'air de décence et de satisfaction avec lequel cette aimable enfant reçut un prix si modeste, me confirma dans l'idée que celui-ci, du moins, n'avait pas été donné à la faveur.

OBSERVATIONS DÉTACHÉES.

De tous les moyens de faire connaître les mœurs d'une grande ville, celui que Le Sage a employé dans son *Diable Boiteux*, est sans contredit le plus ingénieux et le plus sûr; mais, outre que le Démon de Le Sage n'est pas au service de tout le monde, il est probable que les observations qu'il nous fournirait, en soulevant le toit de toutes les maisons de Paris pour nous permettre de voir ce qui se passe dans l'intérieur, donnerait lieu à une chronique plus scandaleuse que la nôtre, et dont les suites auraient peut-être quelques inconvéniens; en conséquence nous nous en tiendrons aux mœurs, aux habitudes extérieures dont se forme, pour les différentes classes de la société, une sorte de physionomie morale où se retracent les mœurs privées.

Dans toutes les grandes villes de l'Asie et de l'Europe, on remarque sans étonnement les contrastes qui résultent de la réunion de différens peuples dans une même enceinte. On ne s'attend pas à trouver à Constantinople plus d'analogie entre les mœurs et les habitudes des Turcs, des Francs et des Grecs, qu'il n'en existe dans leur langage et dans leurs vêtemens; mais on peut s'étonner qu'à Paris, un peuple bien identiquement le même, qu'aucun préjugé ne divise, qu'aucune considération ne sépare, se présente néanmoins dans chaque quartier sous des aspects si divers. Sans chercher cette fois à opposer le Marais à la Chaussée-d'Antin, le Pays latin au Palais-Royal, le faubourg Saint-Germain à la Cité, nous jetterons en passant un premier coup-d'œil sur vingt nations différentes qui habitent le long de la Seine depuis le quai *de la Conférence* jusqu'au quai *de Bercy*. Toute cette partie du quai, entre les Tuileries et la place de la Concorde, est couverte de brillans équipages qui vont au château, qui en reviennent, ou qui se rendent au bois de Boulogne, en laissant loin derrière eux ces modestes voitures dont la file borde la terrasse. Le nom ridicule et tout-à-fait impropre, que l'on donne à ces petites voitures publiques, ne leur fait rien perdre de leur mérite et de leur utilité aux yeux du rentier qui retourne à Saint-Germain, du militaire qui regagne la caserne de Courbevoie, du marchand qui va passer quelques heures à sa campagne de Sèvres, de la grisette attendue à dîner dans le parc de Saint-Cloud, et qui tous, grâce à ces carrioles économiques, arrivent pour 15 sous au terme de leur voyage. La vue du *port Saint-Nicolas* et du *port Saint-Paul*, vous enlève à toutes les idées de luxe et d'élégance; au milieu des bateaux de charbon, des trains de bois, des arrivages de vins, des porte-faix, des commissionnaires, des mariniers, vous vous croyez (à l'odeur de la pipe et au langage près) sur le quai marchand d'une ville de Hollande. A quelques pas de là, le tableau change : les quais de *la Mégisserie* et de *la Ferraille* donnent l'idée d'un vaste encan où l'on aurait exposé toute la friperie du genre humain. Là, vous voyez se promener gravement, pendant des heures entières, des gens qui viennent, de tous les coins de Paris, se munir à très-bon marché, d'ustensiles de ménage, dont les plus modernes ont vu cinq ou six générations. *Le quai de l'Horloge* est envahi par l'essaim lugubre des gens de loi qui obstruent, pendant la matinée, toutes les avenues du Palais de Justice. Non loin de là, et pour faire opposition, sans doute, se trouve le nouveau Marché aux Fleurs, où l'on aime à voir, tous les mercredis et samedis, une foule de jeunes et fraîches soubrettes, venir, avant le lever de *Madame*, faire l'acquisition de ces gerbes de fleurs qui décorent une maison élégante depuis l'escalier jusqu'au boudoir.

Nous pourrons, une autre fois, continuer notre promenade sur les quais, au nombre de trente-trois, à partir du quai des *Bons-Hommes* jusqu'à la pompe de l'Arsenal. Là nous pourrons nous arrêter un moment pour assister au débarquement d'un des coches-d'eau dont la composition a déjà fourni tant de peintures grotesques aux romanciers et aux auteurs dramatiques.

— L'étranger, le provincial qui vient à Paris, s'empresse de visiter nos spectacles, nos salons;

nos musées, nos promenades et même nos athénées; mais à peine en compte-t-on un sur mille, qui sacrifie quelques heures à la visite des hôpitaux. Nous serions bien tentés de reprocher aux étrangers leur indifférence; mais nous craindrions de faire rougir ces honnêtes bourgeois de Paris qui, presque tous, parcourent et achèvent, le plus paisiblement du monde, une carrière de soixante-dix ou quatre-vingts ans, sans savoir dans quel quartier de Paris sont situés l'Hôtel-Dieu, la Charité, l'hospice des Incurables, etc.; comme ce sont d'ailleurs de fort bonnes gens, nous sommes sûrs qu'ils seront charmés du rapport satisfaisant que nous avons à leur faire. Le nombre de ces asiles, ouverts à tous les genres d'infortune, à tous les maux qui accablent l'humanité, les soins, les secours, les consolations prodiguées à ceux qu'on y reçoit, attestent la bienfaisante sollicitude du gouvernement, comme les monumens attestent sa splendeur, comme ses armées attestent sa gloire. Paris est, de toutes les capitales de l'Europe, celle où ces sortes d'établissemens se trouvent en plus grand nombre. On compte à Paris vingt-deux hôpitaux civils et deux hôpitaux militaires.

L'*Hôtel-Dieu* est, à-la-fois, le plus ancien et le plus considérable des hôpitaux de Paris; le nombre des malades qu'on y soigne, est rarement au-dessous de ~~trois~~ mille. Cette grande et pieuse fondation, qui remonte à l'an 660, est due à Saint-Landry, vingt-huitième évêque de Paris. On trouve dans l'acte capitulaire une clause assez curieuse et tombée depuis long-tems en désuétude, si même on y a jamais eu égard. Il y est formellement stipulé : « Qu'à la mort de chaque chanoine du chapitre, *le matelas* (ce qui suppose qu'à cette époque les chanoines n'en avaient qu'un), le lit de plume, le traversin et les draps appartiendront à l'Hôtel-Dieu. » Cet acte est on ne peut pas plus authentique, et nous ne serions pas surpris que les administrateurs actuels des hospices ne fussent autorisés à le faire revivre, bien que sa date remonte à l'année 1168.

Ces philosophes spéculatifs du dernier siècle, dont il est convenu qu'on dirait tant de mal dans celui-ci, ont les premiers appelé l'attention du gouvernement sur les abus odieux auxquels cette branche d'administration était en proie : les rapports de Tenon et de Bailly ont porté la lumière dans ce chaos de douleurs et d'iniquités. M. Clavereau, dans un ouvrage plein d'intérêt et de vues utiles, a proposé des améliorations dont l'expérience n'a pas tardé à démontrer les avantages. Les salles de l'Hôtel-Dieu ne sont plus, comme par le passé, des couloirs étroits et obscurs, imprégnés de miasmes putrides, d'exhalaisons délétères, dont on disait, avec une effrayante vérité :

> La mort dans ce séjour, théâtre de sa rage,
> Sous mille traits hideux répète son image.

Des administrateurs philantropes, dont la reconnaissance et l'estime publiques peuvent seules récompenser l'honorable dévouement, sont parvenus à opérer les plus heureuses réformes, et ce vaste établissement n'est pas indigne aujourd'hui du nom divin sous la protection duquel on l'a placé.

N° IX. — *8 octobre* 1811.

ÉLOQUENCE DU BARREAU MODERNE.

—

> Les plus grands clercs ne sont pas les plus fins.
> REGNIER, *Satire* 3.

QUELQUES extraits de lettres de mes correspondans, insérés dans un des derniers numéros de la *Gazette* ; beaucoup d'autres lettres qui m'ont été adressées directement, me prouvent qu'il n'y a point dans ce monde, et principalement dans cette ville, de vérités indifférentes, et que ce n'est pas sans querelles, peut-être même sans combats, qu'il me sera permis de remplir ma charge de *vieux chroniqueur*. Il y a tout au plus trois mois que je suis entré en fonctions dans ce journal, et j'ai déjà tout un quartier de Paris sur les bras; les esprits du Marais sont tellement prévenus contre moi, que je ne me hasarderais pas à y voyager sans escorte. Mon correspondant de la rue Boucherat m'insinue, il est vrai, dans un fort joli petit apologue oriental, que je puis détourner l'orage en m'expliquant sur la *Chaussée-d'Antin* avec la même franchise dont j'ai fait preuve en parlant du *Marais* : c'est un engagement que j'ai pris, et je n'attends, pour le remplir, que la rentrée des fonds que j'ai placés sur une maison de mon voisinage. Peut-être ne voit-on pas très-clairement, au premier coup-d'œil, le rapport qu'il y a entre une lettre-de-change et un feuilleton ; c'est une énigme que j'abandonne à la sagacité de mes lecteurs.

En attendant, et au risque de me faire des querelles d'une autre nature, je vais publier la lettre que m'adresse un jeune avocat, et quelques mots de la réponse que j'ai cru devoir lui faire.

A L'HERMITE DE LA CHAUSSÉE-D'ANTIN.

« La différence entre vous, M. l'Hermite, et les hermites vos prédécesseurs, est tout à votre avantage et au nôtre. Au fond de leurs déserts, sur le haut de leurs rochers, ces vertueux cénobites n'étoient, après tout, bons à rien et à personne : s'il arrivait que, jugeant de leurs vertus, de leur réputation et de leur sagesse par leur longue barbe, on vînt leur demander des secours ou des conseils, ils vous répondaient comme le rat de la fable :

Les choses d'ici-bas ne me regardent plus.

Par un esprit de religion beaucoup mieux entendu, au lieu de fuir les hommes comme des pestiférés, vous êtes venu vous placer au centre de la contagion ; au lieu de prier pour les malades, vous cherchez à les guérir, et vous ne refusez à personne les secours de vos lumières et de votre expérience. J'en ai besoin aujourd'hui, pour diriger les premiers pas que je fais dans une carrière où je vois plusieurs routes ouvertes. Bien qu'avocat, je termine mon préambule, et je viens au fait.

Je suis avocat *stagiaire* au barreau de Paris, où je m'exerce depuis deux ans au grand art de la parole : malheureusement les premières observations que j'ai eu occasion de faire, sont de nature à me décourager; je m'aperçois que j'ai, dans l'état que j'embrassé, trois espèces de personnes à contenter : mes cliens, d'abord, qui veulent, avant tout, que je leur fasse gagner leur cause; mes confrères, qui ne permettent pas qu'on s'écarte des formes, et le public éclairé, qui n'admet point de plaidoyer sans éloquence. Comment remplir cette triple tâche? Je ne dois pas vous dissimuler que Démosthènes et Cicéron ont eu beaucoup de part à ma vocation pour le barreau, et que c'est, en quelque sorte, sous leurs auspices que je suis entré au Palais. Leurs exemples fameux enflammaient mon émulation ; je ne rêvais que *Philippiques*, que *Catilinaires*; et sans me croire appelé à défendre d'aussi grands intérêts, je me promettais d'employer d'aussi grands moyens. Je dévorais tous les Traités d'éloquence; je savais par cœur la Rhétorique d'Aristote et les Discours sur l'Eloquence de Fénélon; j'aurais pu disputer avec l'abbé Gédoyn sur les Institutions Oratoires de Quintilien; enfin, tout en désespérant quelquefois de faire oublier les deux grands orateurs grec et romain, je me flattais encore de placer mon nom à côté de ceux des d'Aguesseau, des Servans, des Lally et de quelques autres orateurs dont s'honore la France. Que je fus cruellement et promptement désabusé ! Je n'eus pas fait deux tours dans la grande salle, que je vis à quel siècle, à quels lieux, à quels hommes j'avais affaire. « Croyez-moi (me dit un vieux praticien à qui j'expliquais la marche et les modèles que je me proposais de suivre), laissez-là tous vos déclamateurs de tribune et toutes ces billevesées grecques et latines dont vous vous êtes farci la mémoire ; c'est de la jurisprudence française que l'on vous demande, et c'est dans l'étude d'un avoué qu'il faut apprendre la véritable langue de notre barreau, la seule qu'on entende aujourd'hui. C'est là qu'on s'instruit à rédiger de bonnes requêtes, dont le style n'a rien de commun avec celui de *l'oratio pro murena*. » Convaincu, sinon persuadé par mon vieux Mentor, je reléguai, sur les plus hauts rayons de ma bibliothèque, tous ces auteurs si chers à mes premières années ; et je m'engouffrai tout vivant dans les in-folios. Au bout de quelque tems je sus, tout comme un autre, invoquer les *grands principes de l'ordre social*, remonter jusqu'au *droit naturel*, pour en déduire les principes du droit des gens, d'où découlent, comme chacun sait, ceux du *droit politique*, et finalement, du *droit universel*. Je ne tardai pas à être initié dans tous les secrets de la jurisprudence positive, et à parler très-couramment la langue de la procédure, où je fis des progrès si rapides, qu'on pouvait croire, en écoutant mes plaidoiries, qu'on assistait à la lecture d'un exploit d'assignation ou d'un procès-verbal. Il fallait entendre comme je hérissais mes discours de ces expressions dans lesquelles réside, aujourd'hui, une grande partie de l'art oratoire : *Icelui*, disais-je élégamment, *n'a pas obtempéré à la réquisition d'icelle; l'acte est encommencé, il est idoine...., le susdit assigné à comparoir, doit fournir des soutenemens..., à quoi faire il sera contraint par voie de droit, faute par lui de ce faire, il sera déclaré forclos*, etc.

De pareils talens me tirèrent bientôt de mon obscurité, et j'eus le plaisir de m'entendre citer comme l'espoir et l'ornement du barreau. Pour mettre le sceau à ma réputation, je me fis présenter dans la société des gens de lettres, à la gloire desquelles je ne me croyais pas étranger :

de nouvelles mortifications m'y attendaient. Ces Messieurs n'entendaient pas ma langue, et prétendaient que mes plus beaux plaidoyers étaient écrits en jargon de pratique.

Vous voyez, M. l'Hermite, dans quelle perplexité je me trouve; j'attends de vous une règle de conduite au moyen de laquelle je puisse concilier les intérêts de mes cliens, l'estime de mes confrères, et le desir que j'ai d'être un jour de l'Institut.

J'ai l'honneur d'être, etc. S. L.

RÉPONSE.

Monsieur, la gloire et la fortune sont deux choses fort désirables; mais, lors même que l'on parvient à les atteindre toutes deux, ce n'est du moins, jamais en les poursuivant à-la-fois. Décidez-vous donc ! Suivez-vous la carrière du barreau pour vous y faire un nom ? Ne comptez point vos cliens, mais choisissez vos causes : chargez-vous de ces belles questions d'Etat, d'un intérêt puissant et général; consacrez vos talens, votre tems et vos soins à défendre l'orphelin victime de la fraude, la veuve sans appui, l'innocence persécutée ; osez même disputer éloquemment à la justice des lois quelques-uns de ces grands coupables dont le crime involontaire est trop souvent la suite d'une grande passion : que votre nom s'associe à toutes les causes nobles et intéressantes dont le public s'occupe, et j'ose vous promettre que vous obtiendrez cette double réputation d'avocat et d'homme de lettres, qui paraît être l'objet de vos désirs. Mais si vous êtes plus pressé d'argent que de gloire; si vous êtes dans l'intention de courir après les cliens au lieu de les attendre, renoncez pour jamais à l'éloquence ; méditez le Code, le praticien Denisart, la Coutume et le Droit écrit; ne sortez plus des chambres de première instance : plaidez pour un remboursement de loyers, pour les réparations d'un mur mitoyen ; discutez

Le foin que peut manger une poule en un jour.

Attachez-vous aux *fins de non recevoir*, aux *appels* et aux *consignations*, et vous verrez les cliens assiéger votre porte; votre cave, votre cuisine, et votre bourse se remplir à vue d'œil. Mais quelque parti que vous preniez, rappelez-vous (je vous en prie, au nom de la raison et de Voltaire) que chaque genre doit conserver le style qui lui est propre; que le *quousque tandem* serait une apostrophe très-ridicule en réclamant une aune de drap, et que le seul moyen de plaire aux gens de goût et de bon sens est de ne pas chercher à être orateur quand il ne faut être qu'avocat; mais aussi de ne pas s'en tenir aux formules du Palais, quand la nature et l'intérêt de la cause permettent les mouvemens oratoires.

Tels sont, Monsieur, les seuls conseils que je puis vous donner, du fond de ma cellule; je les terminerai par cette réflexion (pour que vous ne m'accusiez pas un jour de vous avoir induit en erreur) : c'est que le Poussin est mort pauvre après avoir peint le *Déluge* et *la Femme Adultère*, et que Boucher a fait fortune à peindre des *dessus de porte*.

J'ai l'honneur d'être, etc.

L'Hermite de la Chaussée-d'Antin.

OBSERVATIONS DÉTACHÉES.

L'ange Ituriel, qui voulait que Persépolis (Paris) fût détruite (*), parce que la rusticité dégoûtante d'une partie de la ville, des fontaines et des marchés publics, offensait ses yeux, n'aurait plus aujourd'hui les mêmes raisons. Chaque jour cette capitale du Monde devient plus digne d'une dénomination qui lui fut donnée par le grand Frédéric. Les marchés, autrefois si barbarement établis, pour la plupart, au milieu des rues et des carrefours, ont été l'objet des plus heureuses réformes. On n'est plus obligé de faire un long détour pour éviter cette rue Traversière, occupée jadis, dans toute son étendue, par les sales établis des marchandes de légumes et de poissons, réfugiées aujourd'hui dans le bel et vaste emplacement des Jacobins. Le quai de la Ferraille (le passage le plus fréquenté de Paris) n'est plus obstrué trois fois par semaine, par les marchandes de fleurs, beaucoup plus convenablement placées le long du

---

(*) *Babouc*, ou *le Monde comme il va* (Voltaire).

quai Desaix. Avant peu, l'autre extrémité du Pont-Neuf sera débarrassée de la longue file d'échopes de marchands de volailles, pour lesquels on construit un marché spacieux sur l'emplacement de l'église des Grands - Augustins (où, par parenthèse, se faisaient jadis les promotions de l'ordre du Saint-Esprit, et la procession annuelle instituée en mémoire de la réduction de Paris, sous l'obéissance de Henri IV, le 22 mars 1594). Enfin les marchands de vieux linge, qui tapissaient si burlesquement les deux côtés de la rue du Temple, ont été relégués dans une vaste halle, très-convenable à un genre de commerce sur lequel le riche impertinent peut jeter un regard dédaigneux, mais d'autant plus important aux yeux d'un gouvernement paternel, qu'il intéresse exclusivement la classe la moins aisée et la plus laborieuse.

— Les cafés sont, à Paris, les salons des oisifs des différentes classes. Ces sortes de gens prélèvent de force, sur les propriétaires de ces établissemens, une taxe journalière qu'on leur paie, en feu, en lumière et en gazettes. Ce sont, le plus ordinairement, des rentiers céli-

balaires, dont la jeunesse remonte à-peu-près
à la régence, et dont la conversation roule encore sur les billets de banque de Law, la compagnie de Mississipi et les miracles du diacre
Pâris; de vieux militaires qui croient avoir dîné
avec le maréchal de Saxe, et sont convaincus
qu'il ne s'est rien passé de remarquable en Europe depuis le siége de Prague et la bataille de
Fontenoy; enfin des vétérans des aides qui
s'obstinent à régler les finances de l'Empire sur
les données de l'impôt du vingtième, de la *gabelle*, ou des réglemens de l'*équivalent*. Ces trois
classes principales de parasites de café se subdivisent en diverses espèces, lesquelles se partagent
les différens cafés de Paris. Le café de Foi est
le centre des vieux politiques; chez Corazza se
réunissent quelques survivans de la secte des économistes; le café de la Régence est encore le rendez-vous des descendans de Philidor, qui font la
grande ou plutôt la seule affaire de leur vie, d'un
pat, d'un *mat* ou d'un *gambit*. C'est au café de
Chartres que se fixe le prix des denrées coloniales, des vins et du *banco*. Vous trouvez à la
tabagie du Perron, au prix d'une demi-tasse
de café et d'un petit verre de liqueur, des gens

qui vous apprennent l'art de neutraliser le refait de *trente et un*, qui vous donnent une marche sûre pour suivre la *couleur*, ou vous garantissent la *martingale des intermittentes*. Le café Zoppi, par respect pour son ancien nom de Procope, continue à s'occuper de littérature, et c'est là qu'on apprend que le beau tems des lettres et des arts en France, était celui où Dorat et Marivaux écrivaient, où Boucher et Vanloo tenaient le sceptre de la peinture, où l'on bâtissait à Lucienne, à Belle-Vue, à Meudon, ces colifichets d'architecture, monumens de prodigalité et de mauvais goût. Nous aurons occasion, une autre fois, de jeter un coup-d'œil sur un grand nombre de cafés subalternes, d'autant plus amusans à passer en revue, qu'ils sont moins connus des personnes pour lesquelles nous écrivons.

N° X. — 16 *octobre* 1811.

SECONDE LETTRE

D'UN BOURGEOIS DU MARAIS,

A L'HERMITE DE LA CHAUSSÉE-D'ANTIN.

—

Monsieur l'Hermite, on ne vous pardonne point, dans la rue Boucherat et dans la rue de la Perle, ce que vous avez dit des habitans du Marais; votre lettre où vous parlez de notre manière de vivre, a fait une révolution dans notre petite société, qui m'accuse de l'avoir trahie. Je connais trois ou quatre femmes qui ont la prétention de donner le ton à la Place Royale, et qui vous arracheraient les yeux si vous veniez dans notre quartier. Ma maison est déserte depuis qu'on me soupçonne d'avoir des intelligences avec la Chaussée-d'Antin; on ne fait plus mon boston ; on va dîner sans moi chez Bancelin ; mes voisins m'évitent, lorsqu'ils vont aux mélodrames, et je suis obligé de passer mes soirées à contempler la comète. Dites-moi donc, M. l'Hermite, ce que je dois faire de mes dix mille livres de rente ?

En vérité, vous avez eu grand tort de parler, comme vous avez fait, des habitans du Marais ! Le Marais a bien des titres à faire valoir; le Marais rassemblait la meilleure compagnie de Paris, quand la Chaussée-d'Antin n'était encore qu'un désert; on y faisait même d'assez jolis vers, il y a plus d'un siècle, si on en croit Chapelle et Bachaumont :

>Tout bon habitant du Marais
>Fait de vers qui ne coûtent guères.

Quoi que vous en disiez, M. l'Hermite, j'étais le plus heureux des hommes avec mes dix mille livres de rente et ma demi-fortune ; je croyais au bonheur aussi fermement que je crois aux gazettes; et, quoique le bonheur ait la réputation de mentir comme certains journaux, je suis sûr qu'il trompe moins au Marais qu'à la Chaussée-d'Antin : il est des prétentions de tous les genres; j'avais celle d'être heureux. Votre lettre a tout détruit; mais vous avez de la charité : vous réparerez le mal que vous m'avez fait, vous direz quelque bien des habitans du Marais, afin que je puisse faire encore mon boston, aller dîner chez Bancelin, et me montrer au mélodrame.

Vous savez que chacun est heureux à sa manière; Varon, le plus savant des Romains, comptait plus de trois cents espèces de bonheur; il est possible que le progrès des lumières en ait doublé le nombre : vous voyez donc que les habitans du Marais ont à choisir. Des gens bien informés, qui nous sont arrivés dernièrement de la Chaussée-d'Antin, nous ont assuré que l'ennui se glisse quelquefois jusque dans les hôtels de la rue Caumartin : les habitans de ce quartier ont l'amour-propre de paraître heureux, et font tout ce qu'ils peuvent pour faire croire qu'ils le sont en effet; on m'a dit qu'on y dépensait des millions pour acheter de la gaîté, qui ne se vend point : les gens qui payent le plaisir si cher ne sont pas des gens faciles à amuser, et ne sont pas surtout aussi heureux qu'on l'imagine. Vous savez,

M. l'Hermite, ce qui vous en a coûté pour un baptême, où, par parenthèse, vous ne vous êtes pas beaucoup amusé.

Les journaux déclament quelquefois contre la comédie larmoyante; ils devraient s'en prendre aux habitans de la Chaussée-d'Antin qui ne rient jamais, et que nos beaux-esprits prennent pour modèles de la bonne compagnie. Le drame s'est accrédité depuis que la mélancolie est à la mode parmi les gens qui donnent le ton. Thalie était plus piquante et plus gaie du tems que les auteurs faisaient leurs comédies au Marais.

Nous autres bourgeois de ce Marais, nous avons peut-être un autre avantage sur ceux de la Chaussée-d'Antin : dans notre vie uniforme et tranquille, nous sommes assurés de nous retrouver le lendemain comme nous étions la veille. Il y a trente ans que j'habite la même maison, que j'ai les mêmes amis et les mêmes voisins; la Chaussée-d'Antin a-t-elle beaucoup de riches bourgeois qui puissent en dire autant? Que de belles maisons y sont comme des auberges où chaque soir arrivent des hôtes nouveaux, qui dorment tant bien que mal, et repartent tristement le lendemain! Les gens qui étudient Barême sont quelquefois ceux qui font les plus mauvais calculs, et qui se trompent le plus sur les moyens d'être heureux; quoiqu'ils soient plus riches que les bourgeois du Marais, il manque plus de choses aux habitans de la rue du Mont-Blanc, qu'à ceux de la rue Boucherat. Il me prend fantaisie, à ce sujet, de vous répéter un conte oriental que j'ai retenu : « Dans une sécheresse qui avait ravagé les plaines de l'Inde, un génie bienfaisant apparut à deux bergers, et leur dit : Vous m'avez demandé de l'eau, je veux vous en donner; mais dites-moi la quantité qu'il vous en faut. Un des bergers répondit : Je vous supplie de me donner un petit ruisseau qui ne tarisse jamais en été et qui ne déborde jamais en hiver. L'autre berger fut moins sage, et demanda au génie de détourner le Gange sur ses terres. » Ne trouvez-vous pas, M. l'Hermite, que le second de ces bergers est un bourgeois de la Chaussée-d'Antin, qui n'est point content s'il n'a fait couler chez lui tout l'or du Pactole, et que le premier est le bourgeois du Marais, qui est heureux avec dix mille livres de rente ?

Mais je m'aperçois que je moralise, ce qui

prouve que je commence à m'ennuyer : aussi, M. l'Hermite, pourquoi avez-vous fait déserter ma maison ? L'Ecriture dit quelque part qu'il n'est pas bon que l'homme soit seul ; c'est une vérité pour les bourgeois du Marais comme pour ceux de la Chaussée-d'Antin. Faites donc, M. l'Hermite, que je revoie mes voisins de la rue Chapon et de la rue Boucherat, et que je puisse encore faire mon boston avec mes voisines de la rue de la Perle.

Un Bourgeois du Marais.

OBSERVATIONS DÉTACHÉES.

BOILEAU a fait, il y a près de cent cinquante ans, une satire des embarras de Paris, dont les traits principaux ne sont heureusement plus applicables à l'époque où nous vivons : on ne dira pas aujourd'hui que,

> Le bois le plus funeste et le moins fréquenté
> Est, au prix de Paris, un lieu de sûreté.

On n'entend plus crier partout :

> Au meurtre, on m'assassine !
> Ou, le feu vient de prendre à la maison voisine.

Mais à cela près (et c'est bien quelque chose),

tous les inconvéniens de détails signalés par le grand satirique, subsistent encore aujourd'hui, ou du moins sont remplacés par de petits abus analogues, qui se glissent à l'insu de la police, même la plus vigilante, ou, sous le nom d'usages, parviennent à se soustraire à son action. J'ai voulu essayer de prendre note de cette foule d'inconvéniens, de contrariétés qu'un auteur anglais a mis au nombre des misères humaines, et dont la suppression ajouterait beaucoup aux agrémens de cette immense capitale. Voici quelques-unes des questions inscrites sur mes tablettes. — *Pourquoi* des balayeurs, déjà payés par l'administration municipale, exigent-ils, dans les pluies abondantes et dans les fontes de neige, une rétribution des gens à pied qui ne veulent pas se mettre dans l'eau jusqu'à mi-jambe? — *Pourquoi* ces mêmes hommes font-ils des bâtardeaux pendant la nuit, pour retenir des eaux qui, le lendemain, formeront des rivières? — *Pourquoi* voit-on encore, sur quelques-uns des quais, de sales échopes où le jour on expose des haillons, et dans lesquelles des vagabonds peuvent se réfugier pendant la nuit? — *Pourquoi* les bouchers étalent-ils au-dehors ces cadavres d'animaux qui choquent la vue et salissent les habits des passans ? — *Pourquoi* les blanchisseurs s'attribuent-ils le privilége d'avoir sous leurs charrettes des dogues énormes qui s'élancent aux jambes de ceux qui passent à leur portée ? — *Pourquoi* les fiacres profitent-ils du mauvais tems pour prendre le soir les allées latérales des boulevarts, et venir disputer le terrain aux piétons qui n'ont pas le moyen de les employer ? — *Pourquoi* les environs des promenades publiques sont-ils occupés par une foule de demi-escrocs qui soutirent, à certains jeux de leur invention, l'argent des dupes amorcées par l'appât d'un gain à peu près impossible ? — *Pourquoi* ne pas placer d'une manière plus ostensible *ces croix de funeste présage* qui, presque adossées à la muraille, vous avertissent du danger lorsqu'il n'est plus possible de vous y soustraire?

Mes questions s'adressent maintenant à cette partie de la population qui s'est érigée en régulateur des belles manières, et nous voudrions que par l'organe de quelqu'un de ses coryphées, elle nous expliquât : *Pourquoi* il est *reçu* de se mouiller, de se geler dans un cabriolet, tandis qu'il est souverainement ridicule de se laisser voir dans une demi-fortune bien commode et bien close ? — *Pourquoi*, à l'heure du dîner, on court s'entasser dans les salles étroites et obscures des frères Provençaux, dans les *casemates* du rocher de Cancale, au lieu de se rassembler, au même prix, dans les beaux salons de Véry, de Bauvilliers, de Frascati ? — *Pourquoi*, ce même Frascati, le plus beau café de l'Europe, s'est vu tout-à-coup abandonné, après avoir joui quatre ans de la plus grande vogue, et pourquoi cette vogue est aujourd'hui le partage d'un petit café du coin du boulevart Italien, dont on ne peut approcher en voiture, et où l'on ne peut prendre l'air que cinq ou six personnes à-la-fois ? — *Pourquoi*, dans tous les théâtres, mais principalement aux Français, à l'Opéra et à Feydeau, l'orchestre et l'amphithéâtre (c'est-à-dire les meilleures places) sont abandonnés aux billets donnés aux femmes-de-chambre des actrices, tandis que les balcons, d'où l'on ne voit les acteurs et les décorations que de profil, sont tout-à-la-fois les places les plus incommodes, les plus distinguées et les plus chères ? — *Pourquoi*, dans un salon, où quarante chapeaux, absolument de même forme, presque tous portant l'adresse du même chapelier, se trouvent chaque soir entassés pêle-mêle, il est convenu de regarder comme un homme de mauvaise compagnie, ou du moins comme un provincial, l'homme raisonnable qui aura pris la précaution d'écrire en toutes lettres, son nom sur la coiffe de son chapeau, pour éviter des recherches ennuyeuses ou des méprises désagréables? — *Pourquoi* le mot *épouse*, du style le plus noble au théâtre, est dans le monde une expression de mauvais goût? — *Pourquoi* l'on s'obstine à ne pas vouloir qu'on s'aide à table de sa fourchette pour manger sa soupe, que l'on attache sa serviette pour garantir son habit ou sa robe, et que l'on coupe son pain lorsqu'il est du bon ton de le casser?

On ne voit pas trop quand finirait un pareil interrogatoire, surtout si l'on entreprenait d'épuiser les questions de la nature de celles-ci : *Pourquoi* tel acteur, qui n'a jamais eu qu'un rival au Théâtre-Français, telle actrice de l'Opéra, au moins l'égale du plus beau talent qu'on puisse lui opposer, sont-ils souvent moins applaudis, moins favorablement traités du public, que ceux qui les remplacent avec des talens bien inférieurs? — *Pourquoi* la meilleure tragédie, la comédie la plus forte, la plus gaie, a-t-elle tant de peine à atteindre la vingtième représentation, tandis que les *Ruines de Babylone*, la *Chatte Merveilleuse*, etc., en obtiendront pour le moins cent cinquante? etc., etc.

— M. Caritides (personnage des *Fâcheux* de Molière) voulait, avec raison, qu'on réformât la détestable orthographe de nos enseignes, et l'on vient de faire droit, en 1810, au placet qu'Eraste fut chargé, par lui, de présenter à Louis XIV en 1661. Tant de grossières absurdités vont enfin disparaître, et il ne restera plus à désirer, aux bons esprits les plus minutieux, que de voir peu-à-peu s'établir une sorte d'analogie entre les enseignes et les professions. Ce défaut était moins choquant autrefois qu'il ne l'est aujourd'hui. Il y avait quelque raison pour qu'un cordonnier fût à l'Image de Saint-Crépin, un tabletier au Singe d'ivoire, un marchand de tabac à la Civette; mais quelle espèce de rapport peut-on établir entre le *masque de fer* et des bonnets de coton, entre *Jocrisse* et un joaillier, *la Vestale* et une lingère, le *Petit Candide* et un bureau de loterie, la *bonne foi* et un tailleur? Nous ne manquons pas de mauvais plaisans tout prêts à trouver là des sujets d'épigrammes.

— Il est du bel usage aujourd'hui dans les maisons dont l'opulence peut atteindre à ce genre de luxe, d'avoir au nombre des *gens* un chasseur suisse, ou du moins que l'on puisse prendre pour tel. Quelques jeunes gens, pour les avoir à meilleur compte, les font venir, comme autrefois Petit-Jean, d'*Amiens pour être Suisses*; mais afin de se ménager toute la considération attachée spécialement à l'origine de leurs chasseurs, ils ont imaginé de leur donner un maître, non pas d'allemand, mais de *baragouin*, qui leur apprend à parler français comme un Suisse. L'un de ces bons Picards-Helvétiens nous racontait dernièrement qu'il avait été renvoyé par le jeune maître qu'il servait, pour avoir eu le malheur de dire à quelqu'un qui venait pour le voir : Monsieur n'est pas à la maison; au lieu de : *Monsir n'être pas au logis*.

— On crie depuis long-tems après les voitures, et sur-tout après les cabriolets qui *brûlent*, comme on dit, le pavé, au risque et péril des malheureux piétons qui se rencontrent sur leur chemin : pour être tout-à-fait juste, il faut convenir aussi que parmi ces derniers, il se trouve à Paris une foule de gens qui se croient propriétaires de la rue qu'ils traversent, qui vous injurient lorsque vous leur criez *gare!* et ne se rangent qu'à la dernière extrémité : il en est même quelques-uns qui font, du danger auquel ils s'exposent volontairement, une branche d'industrie que l'on dit assez productive. Ils mettent une adresse extrême à se faire renverser par un cabriolet dont ils auraient pu facilement éviter l'atteinte : aux cris qu'excite un pareil accident, le maître du cabriolet s'empresse de descendre, le peuple s'attroupe, on relève le malheureux qui feint de ne pouvoir se soutenir, et ne s'apaise qu'en acceptant quelques écus, au moyen desquels l'homme à la voiture se trouve trop heureux de réparer un malheur dont il n'est pas cause.

N° XI. — 24 *octobre* 1811.

CORRESPONDANCE.

—

Monsieur l'Hermite, tout le monde s'adresse à vous pour vous demander des conseils et des avis; permettez-moi d'en faire autant, et de vous faire quelques questions auxquelles je voudrais une réponse; il s'agit d'un point très-important: vous savez que nos auteurs parlent sans cesse du public, qu'ils en appellent au jugement public, et qu'ils *donnent leurs ouvrages au public* (qui, par parenthèse, ne prend pas tout ce qu'on lui donne). Le public, dit-on, est, en quelque sorte, comme la divinité des gens de lettres : c'est lui qui les introduit dans le temple de la gloire, et qui leur distribue les couronnes de l'immortalité. Comme tant d'autres, j'ai recherché ses faveurs, j'ai déposé sur ses autels ma prose et mes vers; je crus d'abord que mes recherches n'avaient pas été vaines : on disait autrefois dans les journaux que j'étais un auteur chéri du public; aujourd'hui les choses ont changé : après trente ans de veilles consacrées à lui plaire, le public ne me connaît plus. Ce serait une belle occasion pour moi de crier à l'ingratitude, et de faire un gros livre sur la fragilité et les vicissitudes de la gloire littéraire.

Mais j'aime mieux me consoler au sein de la philosophie qui sait tout apprécier à sa juste valeur, et nous donne la force de souffrir en silence. Dans ma retraite, j'ai bien fait des réflexions sur le public, et je ne sais plus aujourd'hui où je dois arrêter mes idées. J'espère, M. l'Hermite, que vous voudrez bien éclaircir mes doutes ; j'espère que vous voudrez bien me dire ce que c'est que le public, où est le public, en quel lieu il rend ses arrêts, comment il forme ses décisions ? Pour le trouver, faut-il passer les barrières ou traverser la Seine ? Le trouve-t-on au Marais, au Palais-Royal ou à la Chaussée-d'Antin ? Forme-t-il ses jugemens à Paris ou dans les provinces ? Pour moi, après y avoir bien réfléchi, je suis tenté de croire qu'il n'est qu'une chimère dont on nous fait peur, et qu'il en est du public comme de ces esprits dont tout le monde parle, et que personne n'a vus.

Vous serez peut-être de mon avis, M. l'Hermite, quand vous saurez ce qui m'est arrivé : dans ma jeunesse, je suivais les sociétés littéraires où je croyais que le public rendait ses oracles ; je lus un jour, dans un Athénée, un petit poëme de ma composition ; je m'aperçus que j'avais ennuyé mon auditoire ; un journal ne manqua pas de dire le lendemain, que j'avais fait bâiller le public. A quelque tems de là, je relus le même poëme dans un autre Athénée, et je fus fort applaudi par un auditoire qu'on appelait le public. J'étais fier des applaudissemens que j'avais reçus ; mais je ne pouvais m'empêcher de me dire à moi-même : Le public qui, dans la même semaine, s'ennuie et s'amuse de mes vers, est bien inconséquent, et peut-être ne vaut-il pas la peine que je lui consacre mes veilles : il est possible cependant, me disais-je encore, que le public ne daigne pas se trouver dans un Athénée.

J'allai chercher le public au théâtre, et je

fis représenter ma première tragédie. Jugez M. l'Hermite, quel fut mon étonnement à cett[e] représentation; on sifflait dans les loges, on ap[-]plaudissait au parterre; on se querella, on s[e] battit pour ma pièce; j'étais presque honteu[x] d'avoir employé six mois de ma vie pour plair[e] à un public qui se portait à de pareils excès. L[e] lendemain on parla de ma tragédie dans les journaux; les uns me comparaient à Racine, le[s] autres me mettaient au-dessous de Pradon, e[t] tous parlaient au nom du public; il est possible, me disais-je alors, que le public ne se montr[e] pas plus au thâtre que dans les Athénées; il es[t] possible encore qu'il ne rende point ses arrêts dans les journaux.

Je résolus alors de ne plus travailler ni pour le théâtre, ni pour les Athénées, ni pour les journaux; je m'occupai d'un ouvrage sur la morale : « Je serai jugé, me disais-je, par les maîtres de la sagesse, qui me jugeront loin du tumulte, dans le silence du cabinet, et conséquemment sans partialité et sans passion; c'est là, sans doute, que je trouverai le public, qui doit prendre les sages de la terre pour ses interprètes; cette fois le public qui prononcera sur mon livre, sera d'accord avec lui-même; car on ne peut pas avoir plusieurs opinions sur la morale. » Je raisonnai ainsi quand mon ouvrage parut, et le jugement qu'allait porter le public ne me donnait aucune inquiétude ; mais je m'étais encore trompé.

Mon livre sur la morale fut au moment d'exciter une sédition ; un grand nombre de lecteurs me proclamaient le bienfaiteur de mon siècle et du genre-humain; les autres m'accusèrent de renverser la société jusque dans ses fondemens ; les plus chauds de mes partisans, m'apportèrent une couronne de lauriers, et parlaient de me faire élever une statue, comme à J.-J. Rousseau ; beaucoup d'autres, qui n'étaient pas du même avis, se rassemblaient chaque jour sous mes fenêtres, et criaient tout haut que je méritais d'être brûlé vif pour mon ouvrage sur la morale : les partis s'échauffèrent, on se dit de grosses injures, on se battit pour un livre que j'avais composé pour ramener la paix et l'union parmi mes semblables.

Vous devez croire, M. l'Hermite, qu'à ces traits je ne reconnus point le public dont j'avais recherché les suffrages, et qu'on m'avait représenté comme la divinité et l'oracle des gens de lettres ; je ne sais plus, aujourd'hui, que penser du public, et je me félicite d'en être oublié.

Les uns le représentent comme un divin génie qui tient à la main le glaive et la balance de Thémis, juge les prétentions des auteurs, et condamne, sans appel, les mauvais ouvrages : il est par-tout à-la-fois, et se dérobe à tous les regards. Les autres le représentent comme un monstre hideux, qui a la taille et la massue de Polyphême ; mille serpens sifflent sur sa tête ; il entraîne à sa suite la colère, l'orgueil et l'envie ; les plaintes et les cris de l'amour-propre charment ses oreilles ; chaque soir, il immole au théâtre une victime ; chaque matin, il dévore un auteur à son déjeûner. Telles sont les idées que l'imagination peut se faire du public. Pour moi, M. l'Hermite, je ne peux me former aucune opinion ; il n'est point de coterie qui ne dise hautement qu'elle est le public, et qui, en cette qualité, ne cite l'univers à son petit tribunal : il est une foule de gens qui manquent tous les jours de respect au public, qui l'insultent dans les journaux, qui prennent son nom pour dire mille sottises ; d'où je conclus que si le public existait, comme on le croit, et qu'il fût aussi méchant qu'on le dit, il se vengerait des outrages qu'on lui fait tous les matins dans les journaux et tous les soirs dans nos Athénées et sur nos théâtres. Pour moi, je crois fermement que le public n'est plus, aujourd'hui, qu'une divinité de la Fable; si vous l'avez rencontré quelque part, M. l'Hermite, je vous prie de me dire comment il est fait, et à quel signe on peut reconnaître ses jugemens.

INCREDULUS.

Nous espérons que le public ne sera pas trop scandalisé de cette lettre, et qu'il n'y verra que la boutade chagrine d'un auteur mécontent. M. *Incredulus* ressemble ici à ces sauvages qui ne respectent leurs divinités que lorsqu'elles font tout ce qu'ils désirent, et qui vont même jusqu'à les battre, lorsqu'elles n'écoutent pas leurs prières; nous nous contenterons de dire à M. *Incredulus* ce que le poète Lemierre disait un jour à Laharpe : *Ayez seulement un succès, et nous verrons.* Au reste, nous prions le public de jeter un regard favorable sur les Œuvres de M. *Incredulus*.

A L'HERMITE.

Monsieur, j'ai souvent désiré qu'il s'établît dans cette immense capitale, sous le titre de *Tribunal de l'Opinion*, un journal exclusivement consacré à la peinture des mœurs. Ce journal aurait deux colonnes, dont l'une serait intitulée : *Chronique Scandaleuse* : et l'autre : *Chronique Edifiante*. Dans la première, composée en *petit-texte*, on inscrirait tous ces délits de société, que les lois ne peuvent, disons mieux, ne doivent pas atteindre, et qui ne sont justiciables que de l'honneur ou de l'opinion publique; dans l'autre (dont le *caractère* varierait du *cicero* au *saint-Augustin*, afin que les deux colonnes fussent également remplies), on aurait soin de recueillir les bonnes et belles actions, dont le nombre est beaucoup plus considérable qu'on ne le croit; mais dont les auteurs sont d'autant plus sûrs du secret qu'ils demandent, que la reconnaissance peut seule le trahir. La collection de ces feuilles, au bout de l'année, formerait une espèce de registre d'après lequel on pourrait dresser des tables de mœurs, comme on dresse des tables de population en balançant les décès et les naissances. En attendant qu'un pareil journal existe, c'est dans un de vos bulletins, que je veux consigner un fait dont j'ai été témoin il y a quelques jours, et qui tiendrait merveilleusement sa place dans la colonne *honnête* du journal que je propose.

J'allais à la Comédie Française, Talma jouait, il était près de sept heures, et je me hâtais, avec l'inquiétude de ne point trouver de place; un jeune homme de quatorze ou quinze ans marchait, ou plutôt courait devant moi; et je ne doutais pas qu'il ne se rendît au même lieu. Une femme âgée, sortie d'une allée très-obscure, l'arrête, en lui demandant l'aumône; il fait quelques pas en avant, avec l'air de l'impatience, puis tout-à-coup s'arrête et revient vers la pauvre femme qui rentrait dans son allée. Le mouvement et l'expression de la figure de ce jeune homme me frappèrent au point que je le suivis, et feignant d'avoir affaire dans la maison d'où cette femme était sortie, je m'arrêtai sur l'escalier, d'où je pouvais tout entendre sans être vu. « Ecoutez donc, ma bonne; vous êtes sans pain? dites-vous?—Hélas! oui, mon jeune Monsieur, sans pain et sans travail. « Comment! vous n'avez rien à manger ? — Rien, depuis vingt-quatre heures. — Ah ! pauvre créature ! Tenez, ma bonne, voilà un écu, c'est tout ce que je possède ; je le destinais à me procurer un plaisir bien vif ; je ne pouvais mieux l'employer. — Heureuse est votre mère ! s'écria la vieille femme en baisant la basque de l'habit du bon jeune homme, qui disparut aussitôt ; et je répétai après elle, en suivant l'exemple généreux qu'un enfant venait de me donner : Heureuse est la mère qui possède un pareil fils ! »

Si le récit de cette action, bien simple en elle-même, vous fait éprouver, Monsieur, la moindre partie de l'émotion que sa vue m'a causée, vous ne balancerez pas à la consigner dans votre feuille.

J'ai l'honneur de vous saluer.   B. DE V.

AU MÊME.

MONSIEUR, je suis un grand amateur de jardins, et j'en possède un superbe à peu de distance de Paris, où je suis parvenu, avec beaucoup de soins et de dépenses, à réunir les plantes, les arbustes et les arbres les plus rares.

Mon goût, ou plutôt ma passion pour la botanique, est aujourd'hui celle de nos dames; cette circonstance me procure de nombreuses visites, et jusqu'ici j'ai fait de mon mieux les honneurs de mon jardin à mes aimables concitoyennes; malheureusement elles n'y viennent pas seules, et parmi les hommes qui les accompagnent habituellement, j'en ai remarqué deux espèces que je mets au nombre des fléaux les plus à craindre pour les végétaux précieux dont se composent mes bosquets. La première est celle de ces petits Messieurs qui se promènent armés d'une badine, dont ils espadonnent, avec une grâce inimitable, et au moyen de laquelle, à l'exemple de Tarquin, ils abattent à droite et à gauche, sans distinction de genre et d'espèces, toutes les sommités des plantes qui s'élèvent au-dessus des autres. La seconde, moins nombreuse, mais plus destructive encore, est celle de ces gens distraits qui marchent à travers une plate-bande des plus belles tulipes, comme sur un plan de carottes, ou qui rêvassant au milieu d'une allée plantée d'arbustes précieux et délicats, en arrachent à pleines mains les feuilles, en cassent au hasard quelques branches, dont ils rapportent les débris au salon, au risque de faire évanouir le malheureux propriétaire.

J'ai pensé, Monsieur, que l'insertion de ma lettre dans votre Bulletin, était le moyen le plus sûr de faire parvenir mes plaintes à ceux qui en sont fort innocemment l'objet, et que cette mesure pourrait m'éviter un parti que je me verrais forcé de prendre, celui de ne plus admettre d'étrangers dans mes jardins, sans un certificat de bon sens et de bonnes manières.

J'ai l'honneur de vous saluer avec considération,

Ch. D. Ber.

N° XII. — 5 *octobre* 1811.

MŒURS DES SALONS.

—

Homunculi quanti sunt, cùm recogito!
PLAUT
Combien j'ai vu de ces petits hommes !

Il m'arrive rarement de déroger à l'habitude que j'ai prise de dîner chez le restaurateur; j'en ai donné la raison dans ma première lettre; néanmoins, toute règle a ses exceptions, et j'en ai fait une mercredi dernier en faveur de ma vieille amie, Mme de L....; c'était l'anniversaire de sa naissance; Mme de Sésanne, sa fille, qui habite le même hôtel, avait réuni chez elle, à dîner, tous les amis de sa mère et les siens. A ce double titre, je ne pouvais me dispenser de m'y trouver. La société était nombreuse; on se mit à table très-tard, et ce qui me choqua beaucoup, ce furent des hommes qui se firent attendre. Le dîner, comme tous ceux où le nombre des convives excède *celui des Muses*, où l'on est par conséquent exposé à se trouver à table entre deux personnes que l'on rencontre pour la première fois, où la conversation ne peut être générale sans être assourdissante ou incommode ; le dîner, dis-je, fut triste et ennuyeux. Il l'eût peut-être été davantage si M. D...., qui mange très-peu et qui parle beaucoup, n'avait profité du silence assez ordinaire pendant la durée du premier service, pour raconter, dans tous ses détails, l'affaire de la dame Levaillant, au procès de laquelle il avait figuré comme membre du jury. Quoique M. D.... ne fît guère que répéter ce que tout le monde savait, on lui sut quelque gré d'avoir couvert, par le bruit de ses paroles, le bruit, plus désagréable encore, des cuillers et des assiettes qui se fait trop fréquemment entendre au commencement d'un dîner. J'étais à table à côté d'un homme d'esprit, qui n'a jamais été plus aveugle que depuis qu'on lui a fait l'opération de la cataracte. « Dans ma jeunesse, me dit-il à l'oreille, on nous faisait aussi de ces lectures au collége, pendant nos repas ; mais on choisissait mieux ses livres. » En sortant de table, j'allai m'asseoir dans un coin du salon, et tout en prenant ma tasse de café (plaisir que je fais durer très-long-tems), je me mis à observer ce qui se passait autour de moi; Mme de Sésanne s'approcha : « Hermite, bon hermite, me dit-elle en riant, vous voilà bien rêveur; à quoi pensez-vous donc ? — Je m'amuse à comparer, lui répondis-je, ce que je vois aujourd'hui dans ce salon, à ce que j'ai vu, à pareille fête, à pareil jour, il y a tout juste trente-deux ans, c'est-à-dire, douze ans avant qu'il fût question de vous, Madame. — Faites-moi part de vos remarques, reprit-elle en s'asseyant près de moi ; aussi bien G.... n'arrivera que très-tard; je ne suis même pas sûre qu'il veuille faire de la musique, et je me sens merveilleusement disposée pour entendre médire. N'est-il pas vrai que la société avait autrefois bien plus de charme ? — Ce n'est pas auprès de vous qu'on serait tenté d'en convenir, répondit un très-jeune homme, en se mêlant très-indiscrètement à un entretien qui avait quelque chose d'intime et de particulier. Mme de S..... le regarda sans répondre, et il s'éloigna un peu décontenancé. — Voilà d'abord, continuai-je, ce qu'on aurait fait autrefois, et ce qu'on ne fait plus assez souvent aujourd'hui : c'est de réprimer cette présomption, cette confiance intolérable des jeune gens, qui leur donne dans le monde une attitude d'autant plus fausse qu'elle contraste davantage avec cette sorte de timidité qui convient et qui sied à leur âge. Comment ne leur répète-t-on pas à tout moment, qu'ils échangent une grâce contre un ridicule? Je reviens à notre question, à laquelle le jeune homme a répondu par un madrigal emprunté à Fontenelle; mais dont on ne lui contestera pas la juste application. Il est très-vrai que la société avait plus de charme, et je vous en dirai la cause si vous voulez me promettre de ne pas éclater de rire; c'est que les *vieilles femmes* nous manquent. — Je ne rirai pas, parce que je crois vous entendre. — Ce qui compose en tout pays la bonne société, des jeunes femmes charmantes, des jeunes gens polis et spirituels, des hommes distingués par leur nom, leur rang ou leurs talens, tout cela se trouve aussi communément aujourd'hui qu'autrefois; mais l'intérêt d'habitude qui rapproche ces élémens divers, le lien qui les tient unis, le ressort doux et caché qui les met en œuvre; en un mot, les vieilles femmes aimables ne se trouvent qu'en

France, qu'à Paris même, et bientôt ne s'y trouveront plus. Je pourrais cependant en citer plus d'un modèle encore; mais comme il faut qu'une femme soit morte pour ne pas s'offenser de l'épithète de *vieille*, que je suis pourtant forcé d'employer, j'irai chercher mes exemples au tems de Mmes de Lambert, de Tencin et du Deffant. D'abord, je ne crois pas avoir besoin de justifier, même auprès de vous, ce que j'établis en principe général, qu'il ne peut y avoir de société parfaite et permanente que chez une femme âgée : vous en voyez facilement la raison dans les ménagemens, dans la circonspection extrême, dans les convenances de toute espèce dont une jeune femme est nécessairement esclave dans sa propre maison, et au-dessus desquels l'autre se trouve placée, sans parler de cette autorité affectueuse, de cette force de considération qui résultent du sexe et de l'âge de celle qui les exerce. La société d'autrefois était une espèce de monarchie, dont les femmes, par droit de représailles, s'étaient réservé le trône à l'exclusion des hommes. Leur Empire a eu sa révolution, dont je crains qu'il ne se ressente long-tems encore. Au milieu de l'espèce d'anarchie qui s'y est introduite, je regrette, je l'avouerai, le gouvernement *d'une seule*, sans lequel il n'y a point de vraie liberté, et partant point de gaîté dans les salons. Voyez ce qui se passe chez vous au moment où je parle ; il en est de même partout : ces dames sont alignées sur un divan, où chacune d'elles se tait ou chuchote avec sa voisine, tandis que, distribués par groupe dans tous les coins de l'appartement, ces messieurs y disputent depuis une heure, de toute la force de leur esprit et de leurs poumons, des questions rebattues et déplacées. Si vous aviez cinquante ans au lieu de vingt, vous diriez à ce beau monsieur F..... (qui ne prendrait point alors cet avis pour une déclaration) qu'il pourrait mieux faire que de pérorer aussi magistralement et aussi longuement sur la supériorité des palefreniers anglais, qu'il a grand soin d'appeler des *grooms;* vous avertiriez ce grand M. Ch... qui, depuis six mois, s'obstine à parler bas à l'oreille de votre jolie cousine, qu'on pardonne plus facilement dans le monde à celui qui trouble le repos d'une femme, qu'à celui qui porte atteinte à sa réputation ; vous feriez entendre, à cet intarissable et d'ailleurs très-respectable M. V..., que ce qu'on appelle la conversation est une suite de dialogues et non pas de monologues; qu'elle doit, pour ainsi dire, flotter au hasard, sans gêne et sur-tout sans prétention : vous répéteriez, au moins une fois par jour, à ce petit magistrat N..., si gourmé, si solennel, qui s'imagine que l'homme est sur la terre en visite de cérémonie, qui lève si dédaigneusement les épaules quand on se permet de rire un peu haut, que le bon ton chez vous, non-seulement n'exclut pas la gaîté, mais qu'il admet de tems en tems la folie, et qu'il tolère même quelquefois les bêtises pour ne décourager personne; enfin, si vous aviez cinquante ans au lieu de vingt, avec cet esprit, ce tact parfait, cette grâce héréditaire dont vous êtes pourvue, vous établiriez dans votre salon, non pas un despotisme à la manière de Mme de B....., qui vous prescrit la place que vous devez occuper, la contenance que vous devez tenir; le moment où vous pouvez parler, celui où il faut vous taire; mais ces règles qu'on suit sans les apercevoir, cette liberté bien entendue dont l'ordre est le garant, et la familiarité la limite; moins absorbée alors par les soins si doux d'épouse et de

mère qui vous occupent et doivent vous occuper presque seule aujourd'hui, vous pourriez.... »
Quelques accords de piano nous avertirent de la présence du moderne Amphion, et nous interrompîmes brusquement un entretien que Mme de Sésanne me fit promettre de reprendre.

OBSERVATIONS DÉTACHÉES.

Les Parisiens seront bientôt ce qu'ils étaient il y a quinze cents ans, lorsque l'empereur Julien disait en parlant d'eux : « J'aime ces gens-là, parce qu'ils me ressemblent, et que je retrouve en eux cette gravité, cette mélancolie qui fait le fonds de mon caractère. » Les habitans de cette capitale s'étaient fait, depuis, une réputation bien différente, mais chaque jour ils travaillent à la perdre, et la facilité avec laquelle ils y réussissent, prouve qu'ils ne changent point, mais qu'ils reviennent sans effort à leur naturel. Rien de plus rare aujourd'hui que la gaîté. L'air profond, l'air capable, a remplacé, même chez les jeunes gens, cette expression d'une joie franche et communicative dont les cercles d'autrefois étaient si souvent animés. On rit encore, mais de ce rire sardonien, ironique, que l'esprit et le plus souvent la malignité font naître sans aucun profit pour le plaisir. Ce qui distingue plus particulièrement le ton de la société actuelle, c'est la confiance que les jeunes gens y apportent, et l'influence qu'ils y exercent; point de question qui ne soit à leur portée; ils disputeront avec Humbold, sur les voyages; avec Delille et Méhul, sur la poésie et la musique. Il n'est pas rare, dans un sallon où vingt personnes sont assises autour du feu, de voir un jeune homme debout devant la cheminée (tantôt jouant d'une manière assez indécente avec les basques de son habit, tantôt en face de la glace qu'il consulte avec complaisance), s'emparer de la conversation et débiter aussi sérieusement, aussi péniblement qu'on l'écoute, une vieille anecdote rapportée dans tous les *Anas*, et qu'il gâte en la déguisant sous des noms modernes.

Le seul trait du caractère parisien que l'on soit autorisé à regarder comme ineffaçable, c'est cette espèce de curiosité un peu niaise, si nous osons le dire, pour laquelle on a inventé le nom de *badauderie*; elle n'est pas ici, comme partout ailleurs, le partage exclusif des désœuvrés; la population entière en paraît atteinte. A Paris, tout fait événement; un train de bois qui descend la rivière, deux fiacres qui s'accrochent, un homme vêtu un peu différemment des autres, une voiture armoiriée, des chiens qui se battent, s'ils sont remarqués par deux personnes, le seront bientôt par mille, et la foule ira toujours croissant, jusqu'à ce que d'autres circonstances, tout aussi remarquables, la forcent de s'écouler.

— La fureur du jeu, qui semblait ralentie depuis quelques années, se réveille avec une nouvelle violence, et gagne insensiblement toutes les classes de la société; non-seulement le jeu est aujourd'hui, comme il était autrefois, comme il fut de tout tems, l'occupation des gens riches, le délassement des vieillards, la ressource d'une foule de gens assez adroits pour y trouver un moyen d'existence; mais d'honnêtes bourgeois, séduits par l'exemple et fatigués du bonheur obscur de la médiocrité, ne craignent pas d'avoir recours à ce honteux moyen, pour se procurer pendant quelque tems les jouissances du luxe, aux dépens de la réputation et du repos de leur vie entière. Nous pourrions citer tel bon marchand de la rue des Bourdonnais, retiré des affaires avec deux mille écus de rente, vivant paisiblement dans un coin du Marais avec sa femme et la dernière de ses filles, qui n'a pas craint d'abandonner son modeste logis de la place Royale, pour ouvrir à la Chaussée-d'Antin une maison de jeu où les provinciaux et les étrangers sont reçus avec une prédilection particulière : tout y respire l'opulence et semble prouver que le bonhomme a eu raison, cette fois, de céder aux instances de sa femme et de sa fille : mais qu'on y regarde de plus près, les meubles sont loués; on doit déjà deux termes du logement somptueux qu'on occupe; le souper splendide que l'on sert tous les soirs, est fourni par un restaurateur avec lequel on a pris des arrangemens ruineux; les domestiques n'ont de gages que la générosité des joueurs. Une dame titrée vient d'ouvrir avec plus d'éclat une maison nouvelle, et les joueurs y courent en foule, abandonnant à ses créanciers, à ses regrets, l'ancien syndic de communauté, trop heureux de regagner son premier asile, si sa famille ne devait pas y rapporter des besoins nouveaux dont la privation deviendra pour lui une source intarissable de chagrins domestiques.

N° XIII. — 30 *octobre* 1811.

DES ALBUM (*).

UN HOMME DE LETTRES DU MARAIS A L'HERMITE
DE LA CHAUSSÉE-D'ANTIN.

—

NON, M. l'Hermite, nous ne sommes pas si retardés en civilisation que vous vous plaisez à l'insinuer. Si les modes de la Chaussée-d'Antin ne parviennent pas aussi promptement au Marais qu'à Vienne, à Berlin ou à Pétersbourg, elles ne laissent pourtant pas que d'y arriver. Il ne nous faut pas plus de six mois pour être au courant.

(*) Les *Album* sont des livres blancs, destinés à recevoir des notes, des dessins, etc. etc. Il est peu de personnes qui ne les connaissent pas, et il en est beaucoup qui les connaissent trop.

(*Note de l'Auteur.*)

Dans le retard seul existe la différence entre mon quartier et le vôtre. C'est l'hémisphère austral que la rue St.-Denis sépare de l'hémisphère boréal. Nous sommes vos Antipodes. La mode, qui est notre commun soleil, ne nous favorise pas ensemble; mais quand notre tour est venu, son règne n'est ni plus long ni plus court dans notre climat que dans le vôtre. Quant au besoin de changer, croyez que nos élégantes ne le cèdent aux vôtres sous aucun rapport.

Ainsi en est-il de nos élégans. Ne portent-ils pas les habits verts depuis plus d'un mois, et n'a-t-on pas vu, dimanche dernier, au boulevart du Temple, trois calèches, de vieille forme à la vérité, mais traînées par deux chevaux plus dissemblables encore que ceux qui forment les attelages les plus admirés de la Chaussée-d'Antin? Le bois de Boulogne, M. l'Hermite, ne diffère du bois de Vincennes, et la Chaussée-d'Antin du Marais, que comme les riches diffèrent des pauvres. Aux riches les primeurs! Mais l'année se passe-t-elle sans que tout le monde ait mangé des petits pois?

Les habits verts et les attelages dépareillés ne sont pas les seules innovations que votre exemple ait introduites chez nous dans le cours de cette année. Ne vous devons-nous pas aussi les *Album*, que vous semblez avoir inventés pour le bonheur d'un sexe et le désespoir de l'autre ?

Inventés ! Qu'ai-je dit, M. l'Hermite ? Pardonnez-moi ce trait d'humeur contre la bonne compagnie en général, et votre quartier en particulier. Je sais bien que votre quartier n'est pas celui des inventions. Y placer les inventeurs, c'est prendre vos jolies maisons pour des galetas : il y a de la mauvaise foi dans mon reproche ; il y en a d'autant plus, que l'invention des *Album* qui, à en croire les uns, appartient aux Russes ; aux Allemands à en croire les autres ; à en croire les uns et les autres, n'appartient point aux Français. En effet, le mot *Album* est-il français ? Comme je ne suis pas assez familiarisé avec les langues modernes pour décider ici la question de propriété, d'après l'indice fourni par l'idiôme, je laisse le problême à résoudre à quelque érudit de l'Académie Celtique ; mais je crois ne rien hasarder en affirmant que ce mot *Album*, quelle que soit la langue à laquelle il appartient, ne peut signifier autre chose

7

que mélange, pot-pourri, confusion, galimatias, macédoine.

Ces pauvres livres, sortis tout blancs de la main du relieur, et d'autant plus barbouillés, qu'ils circulent dans le monde, ressemblent fort aux enfans des hommes, qui perdent leur candeur à mesure que l'esprit leur vient.

Une héritière de la rue de Braque, nouvellement mariée à un riche banquier de la rue Caumartin, est la première dame qui ait fait connaître un *Album* dans le Marais. Elle arrive chez sa mère un jour de boston, un livre relié en maroquin sous le bras. « Ferons-nous de la musique ? lui dit sa cousine, trompée par la forme et la dimension du volume. — Nina prend cela pour une partition ! — Et qu'est-ce donc ? »

Pour couper court à toute question, la dame tire l'Album de son étui, et le livre à notre curiosité.

La confusion des langues n'était pas plus complette à la tour de Babel, M. l'Hermite ! Figurez-vous du français, du latin, du chinois, des dessins, des vers, de la musique, de la prose, voir même de l'algèbre, enfouis pêle-mêle dans le même recueil, rassemblés au hasard dans un livre fort semblable à celui de la Sibylle, à cela près qu'il contient moins d'oracles. C'est-là que j'ai reconnu combien les arts nous fournissent de moyens divers de rendre la même idée, ce que les dames savaient avant moi. Le peintre avec son crayon, le poète avec ses vers, le prosateur avec ses lignes, le musicien avec ses notes, exprimaient tous le même sentiment; sentiment non moins vif que discret, dont un algébriste démontrait galamment la puissance à l'aide d'une équation.

Chaque morceau portait la signature de son auteur, signature que la dame proclamait avec une complaisance pareille à celle qu'un vainqueur mettrait à faire le dénombrement de ses captifs. En fait de conquêtes, les femmes sont peut être plus insatiables que les héros. Notre jeune dame nous somma d'augmenter ses richesses; l'*Album* fut offert à chacun; on demanda de l'esprit à tout le monde, et personne ne fut assez impoli pour se dire en droit d'en refuser. Il me semblait voir la bourse des pauvres promenée par une aimable quêteuse, avec cette différence qu'ici la charité bien ordonnée ne songeait qu'à soi, et que les pauvres formaient la majorité des contribuables. Mon tour vint. Comment refuser mon contingent? Moi, qui ai étudié à Picpus, il y a quelque tems à la vérité! moi, qui ai travaillé dix ans chez le procureur, en face de la maison de Beaumarchais! moi, enfin, qui déjeûne tant que je le veux avec le Chansonnier sentimental, ce grand amateur d'huîtres, et pourvoyeur d'*Album*, s'il en fût. Moitié d'invention, moitié de réminiscence, je fournis un impromptu. Ma réputation s'en accrut, mais mon repos en souffrit. Et n'est-ce pas toujours aux dépens de la tranquillité que l'on obtient la gloire?

Satisfaite de quarante-sept complimens tant en vers qu'en prose, prélevés en une seule soirée sur les *aimables* du Marais, la belle émigrée regagna son hôtel avant trois heures du matin : mais elle avait inoculé sa maladie aux dames de sa famille, qui la communiquèrent à celles du voisinage, lesquelles la donnèrent à toutes les dames du quartier. Depuis ce jour, chaque dame du Marais veut avoir un *Album*. Dans les rues, dans les boutiques, dans les boudoirs,

on ne voit plus que des *Album*. Les *Album* se sont glissés jusque dans les corbeilles de baptême, jusque dans les corbeilles de mariage. Vous rappelez-vous, M. L'Hermite, l'empressement avec lequel les dames adoptèrent les *ridicules*, lors de la suppression des poches? C'est précisément la même chose. Chaque femme est inséparable de son *Album* comme de son *ridicule*. Bien plus, ces deux objets, loin de s'exclure, se sont liés jusqu'à se confondre. Un *Album* et un *ridicule* ne font plus qu'un. Renfermé dans le *ridicule*, l'*Album* marche avec nos petites maîtresses, semblable à ces livres d'Heures que nos grand'mères faisaient porter dans des sacs de velours quand elles allaient à la paroisse. Le dirons-nous, enfin? Puisque, pour adapter le *ridicule* à cet usage, on a été forcé d'en changer la forme et la capacité, en prenant les *Album*, nos dames n'ont fait que changer de *ridicules*. L'un dans l'autre, ils se produisent dans toutes les sociétés. « Ne ferez-
» vous rien pour un *Album*, vous qui avez mis de
» si jolies choses sur l'*Album*, de toutes ces
» dames ? » Telle est la phrase dont on salue aujourd'hui tout homme soupçonné de savoir lire

et écrire. Le beau sexe est pressant, M. l'Hermite ! si vous êtes exposé, comme moi, à ses éternelles réquisitions, comment faites-vous pour y suffire, tout hermite que vous êtes ?

Je sais quelqu'un qui, sans trop de frais, s'est tiré d'embarras : il a pris le parti de faire un protocole et de répondre par une phrase banale à une demande banale. Il inscrit mot pour mot le même compliment sur chaque *Album*, quels que soient l'âge et la figure de la propriétaire. Mais comme ces *Album* se confient et se comparent, je vous laisse à penser quelle opinion ce procédé a donné de sa fécondité.

Quant à moi, qui me pique de me renouveler toutes les fois que j'ai affaire à une beauté nouvelle, j'avoue que ma veine s'épuise, que je suis au bout de mon latin, et plus d'un galant homme doit être dans le même cas au Marais et ailleurs.

L'état de nullité où nous sommes tombés, n'est pas le seul inconvénient qui résulte et qui puisse multiplier les *Album*. C'est au détriment de plus d'un genre d'entreprises, à la prospérité desquelles le concours de la versification est d'absolue nécessité, que les vers nouveaux vont s'engloutir dans ces espèces de cimetières, qu'on pourrait appeler des *Innocens*. D'après les bruits qui courent dans la rue des Lombards, l'esprit y devient rare et la cherté des devises doit faire hausser infailliblement le prix des *diablotins* et des *papillotes*. Au boulevard, les vaudevilles et les pastorales commencent à manquer, et la scène est au moment d'y retomber sous l'empire de la pantomime, à défaut même de mélodrames. Le théâtre de l'Opéra-Comique, qui n'est pas non plus sans inquiétude pour son hiver, en revient déjà aux poëmes de Sedaine. Le jury de l'Académie Impériale de Musique ne dissimule pas que voilà bientôt cinq mois qu'on n'a présenté un nouvel ouvrage à son tribunal, et dit tout haut qu'il y a tout lieu de craindre que les compositeurs n'en soient réduits, avant peu, à se contenter des opéras de Quinault.

Ne serait-il pas possible, M. l'Hermite, de prévenir les malheurs, de concilier tous les intérêts, de contenter tout le monde et les dames, sans trop exiger des beaux-esprits ? Après y avoir mûrement réfléchi, je crois en avoir trouvé le moyen; le voici :

Une assemblée de poëtes, prosateurs, mathématiciens, musiciens, orientalistes, hellénistes, grammairiens, peintres, dessinateurs, etc., serait convoquée dans un local d'une capacité suffisante, la rotonde de la Halle, par exemple, et là, si mon avis prévalait, il serait arrêté :

1°. Les dames sont suppliées de ne plus adopter, pour leur *Album*, le format *in-folio*, de porter la modération jusqu'à se contenter du petit *in-quarto*, et même de la pousser jusqu'à permettre qu'à l'avenir tout *Album* ne comporte pas plus de 700 pages.

2°. Sont également suppliées lesdites dames de ne plus exiger, pour lesdits *Album*, d'un peintre, un tableau d'histoire; d'un compositeur, une symphonie complette; d'un homme de lettres, un chant tout entier en vers, ou tout un chapitre de prose, suivant le genre de talent d'icelui. Le contribuable, à dater de ce jour, sera tenu pour acquitté, en fournissant, s'il est musicien, une romance dédiée à la propriétaire de l'*Album*; un couplet, un quatrain, ou une phrase même française, improvisée en l'honneur d'icelle, s'il est littérateur; ou, s'il est peintre, le portrait de la propriétaire, non flatté, mais ressemblant, d'après l'aveu du modèle.

3°. Il sera établi dans les principaux quartiers de la capitale, et ce, dans un nombre qui sera réglé ultérieurement, proportionnément au besoin, des entrepôts où l'on trouvera, à juste prix, des assortimens de vers et de prose en toutes les langues, vivantes ou mortes, de dessin et de musique et de tous les genres, d'équations de tous les degrés, sur des feuilles propres à être intercalées dans les *Album :* l'acquéreur n'aura plus qu'à signer.

4°. Les gens de lettres, prosateurs, versificateurs français ou étrangers, les dessinateurs, les peintres, les compositeurs de musique, les mathématiciens, les architectes, et autres personnes susdites, sont invités à traiter avec les directeurs desdits entrepôts, du fonds de leurs portefeuilles, qui leur sera payé comptant, en raison composée de la valeur qu'y mettront les acheteurs et les vendeurs ; ce qui ne peut qu'être favorable aux derniers.

Nota. On pourra se fournir, en toute confiance, auxdits entrepôts ; car si les objets qu'on y tient en magasin ne sont pas tout-à-fait neufs, du moins seront-ils remaniés de façon à ne ressembler à rien : caractère qui les rend d'autant plus propres à être employés dans les *Album*.

Que dites-vous de ce projet, M. l'Hermite? vous rit-il? Associez-vous à moi : je prends un brevet d'invention, nous ouvrons boutique, et nous vendons de l'esprit de *compte-à-demi*. Croyez-moi, la spéculation ne serait pas mauvaise; elle repose sur la paresse, l'impuissance et la vanité : nous ne manquerons pas de pratiques.

Si ma proposition ne vous agrée pas, gardez-moi le secret; si elle vous convient, adressez-moi votre réponse rue Sainte-Avoie, hôtel d'Asnières, vis-à-vis les Droits-Réunis, où j'ai l'honneur d'être,

Votre très-humble, etc.

V. A. GALAND, *de Fontenay-aux-Roses*.

OBSERVATIONS DÉTACHÉES.

LE néologisme est passé de mode, et l'on paraît assez généralement décidé à s'en tenir à la langue de Racine, de Voltaire et de Buffon, jusqu'à ce qu'il soit bien prouvé que l'adoption de mots nouveaux est commandée par le besoin de rendre des idées nouvelles. Comme ce besoin-là ne se fait pas encore sentir, nous nous permettrons de signaler quelques locutions très-peu académiques, sans égard pour les cercles brillans où elles ont pris naissance. On avait autrefois *du penchant* pour quelqu'un, pour quelque chose; maintenant on *a de l'attrait :* il ne vient plus dans l'esprit de telle et telle femme aimable qu'elle verra, dans la journée, la personne qui l'intéresse, mais cette pensée *lui tombe dans le cœur*, et en critiquant cette expression, on est forcé de convenir qu'elle ne manque ni de grâce ni de justesse. Si l'on veut absolument faire quelques emprunts à la langue anglaise, si riche des larcins qu'elle a faits à la nôtre, on peut essayer d'y naturaliser les mots *confortable*, *inoffensif*, *insignifiant*, et quelques autres qui n'ont point d'équivalens en français; mais rions de l'affectation ridicule de ceux qui *déclinent* une visite quand ils peuvent l'éluder, qui sont *désappointés*, au lieu d'être trompés dans leur attente, qui se plaignent d'avoir *les esprits bas* quand ils sont tristes ou maussades, et qui croient, en parlant mal français, nous donner la preuve qu'ils parlent anglais à merveille.

N° XIV. — 2 *novembre* 1811.

LES SÉPULTURES.

Totus hic locus est contemnendus in nobis, non negligendus in nostris.
Cic., Tusc.

On peut négliger ces choses pour soi-même; on est coupable de les négliger pour les siens.

No more shall rouze them from their lowly bed.
Gray's Eleg.

Ils ne sortiront plus de leur sombre demeure.

En jetant les yeux sur l'almanach pour y chercher la date du jour où devait paraître ce Bulletin, j'ai lu : *Samedi, 2 novembre,* LES MORTS. Ce dernier mot a changé, malgré moi, le cours de mes idées; je me suis senti entraîné à des réflexions au milieu desquelles je ne hais point de me recueillir; mais qu'il m'importait d'éloigner au moment de m'occuper d'un travail qui demande, pour l'ordinaire, une tout autre disposition d'esprit : dans l'espoir de donner le change à mes pensées, en m'occupant d'objets extérieurs, j'étais sorti de chez moi, et marchant au hasard, je remontais la rue de Clichy. Parvenu à la barrière, je rencontre un convoi qui s'acheminait vers le cimetière Montmartre : cette circonstance me rend à mes tristes méditations; je suis machinalement le cortège, et j'entre dans ce *Champ du Repos*, à la suite de celui qui n'en devait plus sortir.

Fatigué de ma course, je m'assieds, derrière un treillage, sur une pierre d'inscription qui n'était point encore posée, et je laisse errer mon esprit dans cet abandon mélancolique que Montaigne appelle *une volupté sérieuse*. Ma première réflexion me conduisit à me demander pourquoi le respect qu'on a pour les morts, celui qu'on porte à leurs dépouilles, est, en tout pays, en raison inverse du degré de la civilisation. En effet, quelle cérémonie, quel usage de l'Europe peut être comparé au culte funéraire des peuples sauvages ? Ces jeunes Canadiennes arrosant de leur lait la tombe de leurs enfans; ces veuves de la Floride, se dépouillant chaque année de leur chevelure pour en parer les huttes pyramidales sous lesquelles sont ensevelis leurs époux; ces habitans des bords de l'Orénoque, conservant avec tant de soin les squelettes de leurs pères, qu'ils ornent de plumes, de bracelets et de colliers, sont des images d'un tout autre intérêt que ces froides obsèques en usage chez les peuples civilisés. Je me rappelais ces tombeaux des Turcs, des Indiens, que la piété des familles entretient avec des soins si touchans, autour desquels fleurissent les arbustes et les plantes les plus précieuses, où de nombreuses fontaines rafraîchissent et purifient l'air; et comparant ces cimetières des peuples orientaux (qu'à l'exemple des Romains nous appelons barbares) avec les objets de même nature que j'avais alors sous les yeux, j'avoue que le reproche de *barbarie* me paraissait, dans ce cas du moins, bien injustement appliqué. Le cimetière de Montmartre, par sa position élevée, par la nature et la disposition du sol, est éminemment propre à la destination qu'il a reçue; et cette vaste enceinte, qu'entoure si misérablement une muraille de terre, pourrait, à peu de frais, sous la direction d'un homme de goût, devenir un des lieux les plus pittoresques des environs de cette capitale. La partie la plus susceptible d'embellissement est un petit vallon formé par l'inégalité du terrain, au fond duquel on a placé les premiers tombeaux. Les plus anciens ne remontent pas à plus de dix ou douze ans; mais ce court espace de tems a suffi pour consoler presque tous ces parens *inconsolables*, en style lapidaire, qui laissent croître aujourd'hui la mousse sur la pierre sépulcrale, sans doute pour en effacer, aux yeux des vivans, les sermens trompeurs qu'ils ont faits aux morts. Déjà, faute de culture, les fleurs qu'on avait plantées autour de ces tombeaux sont devenues sauvages, et la ronce a couvert le chemin qui y conduisait. Je cherchais à découvrir quelque tombe honorée par d'illustres dépouilles; le nom de *Greuse*, inscrit seul sur une pierre de liais, frappa le premier mes regards : ce peintre du sentiment et de la vertu n'avait pas besoin d'un autre éloge A quelques pas de lui repose *Fragonard* : une inscription modeste fait connaître son nom, son âge et son pays; tous les amateurs ont connu son talent. Un léger bruit que je crus entendre assez près de moi attira mon attention; je m'avançai doucement, et je vis, avec une émotion que je ne puis décrire (*), une jeune femme prosternée sur une tombe qu'elle couvrait de baisers, et contre laquelle venait expirer ses sanglots ; j'avais peine à retenir les miens : elle m'aperçut, et s'éloigna lentement en baissant son voile. Je ne respectai point le secret de sa douleur, j'entrai dans l'étroite enceinte qu'elle quittait, et je lus sur la pierre, encore humide de ses larmes :

AGLAÉ DÉNIOT, MORTE A L'AGE DE 12 ANS,
LE 27 AOUT 1808.

et au-dessous :

Repose en paix, aimable et douce fille,
Et l'amour et l'espoir de ta triste famille ;
A peine tu vécus, hélas ! quelques printems !
Dans nos cœurs désolés tu vivras plus long-tems.

Excellente et malheureuse mère !....

A l'autre extrémité du vallon je remarquai le tombeau du vicomte de la Tour-du-Pin, mort avant la révolution, sur lequel sont gravés ces vers de l'abbé Delille :

D'un sang cher aux Français rejeton glorieux,
Aimable dans la paix, intrépide à la guerre,

(*) Je n'invente pas un fait, je le cite.

> Philosophe chrétien, héros religieux,
> Nous le chérîmes sur la terre
> Et nous l'invoquons dans les cieux.

Les monumens les plus remarquables, du moins par leurs décorations, se trouvent sur la hauteur; je me suis arrêté près de celui d'une femme dont la mémoire vivra toujours dans le cœur de tous ceux qui l'ont bien connue; l'inscription suivante ne contient qu'une partie de son éloge :

> *Paix éternelle à la cendre sacrée*
> *Que renferme ce monument,*
> *Dernier séjour d'une femme adorée,*
> *Modèle de vertus, d'amour, de dévoûment.*
> *Épouse, fille, sœur ou mère,*
> *Elle honora ces titres qu'on révère ;*
> *Toujours vivante dans autrui,*
> *Jamais l'amitié sur la terre*
> *N'eut un plus digne sanctuaire,*
> *Et jamais le malheur n'eut un plus ferme appui.*

Au milieu d'une foule de noms ignorés, d'épitaphes aussi fastueuses que mensongères, je vis briller le nom du chantre des *Saisons*. Une amie de cinquante ans a cru faire assez pour la mémoire de *Saint-Lambert*, en indiquant la place où repose sa cendre.

Après m'être arrêté un moment près du tombeau de M.me *Dubocage*, où l'on a gravé trop superficiellement ces mots :

ON L'ADMIRA POUR SES TALENS,
ON L'AIMA POUR SES VERTUS.

je me préparais à quitter le cimetière Montmartre pour me rendre à celui Mont-Louis, lorsque je vis sortir de l'enceinte de treillage où je m'étais reposé en arrivant, un jeune homme dont la figure portait le caractère de la plus profonde douleur; il avait déposé sur un petit monument en forme d'autel antique une couronne à laquelle étaient attachés ces vers :

Son fils, en la perdant, perd sa félicité :
Il ne lui reste plus que son exemple à suivre ;
Ce modèle accompli de vertus, d'équité,
Ne paya qu'en cessant de vivre
Son tribut à l'humanité.

Cet acte de piété filiale me rappela ces vers aimables du poëme de *la Maison des Champs*; je crus voir avec M. Campenon

. . . . . . *Ces murs, ce cimetière*
Où, vers le soir, délivré de tout soin,
Quelque orphelin, sur une froide pierre,
Apporte encor sa douleur sans témoin.

Pourquoi n'orne-t-on pas davantage la demeure des morts ? Pourquoi ne cherche-t-on pas à vaincre, en partie, la répugnance qui éloigne les vivans de ces lieux où chaque pas leur offre de si touchantes leçons de morale ? Que celui que sa douleur ne conduit pas dans cette triste enceinte, examine avec quelque attention les tombes qui l'entourent, elles lui découvriront les secrets des familles. Voyez ce simple mausolée : la pierre indique qu'il y a quarante ans qu'une tendre mère y repose; mais les fleurs y croissent encore, le mousseron, les ronces n'en dérobent pas la vue ; au retour du printems, une main pieuse vient y semer les premières violettes : ne craignez pas de prononcer que cette tombe appartient à une famille de gens de bien.

Le trajet est long de Montmartre à Mont-Louis (j'en profitai pour me rendre compte des sensations diverses que j'avais éprouvées à la vue de tant de tombeaux entassés sans ordre, dans un espace beaucoup trop étroit malgré son étendue, *tant les rang sont pressés, tant la mort est prompte à remplir les places.* Je regrettai l'antique usage des sépultures particulières, de ces tombeaux de famille qui donnaient un si grand prix au manoir paternel, et je me souvins de l'impression que j'avais reçue quelques jours auparavant, lorsque me promenant un matin dans les jardins délicieux du V....., je me trouvai dans un réduit solitaire dont l'inscription suivante indique si philosophiquement la destination :

> *Inséparable même au sein de la poussière,*
> *Dans ce paisible enclos, une famille entière*
> *A choisi son dernier séjour.*
> *Que sait quand ce sera son tour ?*
> *La plus jeune y vient la première.*

Tout occupé d'un projet de réforme des cimetières, auxquels j'imaginais de substituer, au Mont-Valérien, *une Ville des Morts* où le riche aurait encore son palais, où le pauvre aurait encore sa cabane, j'arrivai, sans m'en apercevoir sur les hauteurs de Charonne, en face de la maison du P. Lachaise, et j'allai m'asseoir quelques momens sur la terrasse, dans une des plus belles situations de Paris. Comment ne pas réfléchir sur l'instabilité des choses humaines en contemplant les changemens qu'un siècle a produits dans la destination d'un même lieu ! Cet édifice, dont les ruines s'élèvent maintenant au milieu des tombeaux, fut jadis la maison de plaisance du confesseur de Louis XIV, de ce jésuite si puissant près de cet orgueilleux monarque. Les disciples de Jansenius et ceux de Molina reposent en paix dans cette enceinte, où jamais ils ne se sont rencontrés vivans, et les opinions pour lesquelles ils se sont livré une guerre si cruelle, sont tombées, comme eux, dans le plus profond oubli.

En parcourant ces vastes jardins de la mort, le premier tombeau sur lequel s'arrêtèrent mes yeux était consacré à l'amour conjugal :

Sponso, parentibus, proximis
Et pauperibus flebilis.

Tout auprès de la place où gît l'épicier Nau, on remarque une petite croix en bois noir, au-dessous de laquelle une inscription presque entièrement effacée, indique à peine aux passans attentifs que c'est là que repose une princesse de Lorraine, reine de France, épouse de Henri III. Dans des tems plus heureux que ceux qui suivirent la ligue, elle eût trouvé sa place sous les voûtes de Saint-Denis; l'art des plus habiles sculpseurs, eût décoré son mausolée; du moins un peu de terre couvre aujourd'hui ses cendres!... Quel est l'homme sensible, l'ami des lettres, du talent et de la vertu, qui pourrait se décider à quitter l'enceinte où repose l'auteur de *Claire d'Albe* et d'*Amélie Mansfield*, sans payer à sa cendre un douloureux tribut de regrets? Mais c'est en vain qu'il cherchera la place qui la renferme : nulle épitaphe ne l'annonce, nul monument ne l'indique. Celle dont la réputation fut le chagrin de sa vie, qui s'affligea de s'être placée à son insu au premier rang des écrivains de son sexe, n'a révélé qu'à ses amis le secret de sa tombe, et leur a recommandé de la pleurer en silence.

Je terminerai cet article (que je devrais peut-être chercher à excuser aux yeux du plus grand nombre de mes lecteurs) par une remarque dont je garantis l'exactitude, et dont je me réserve de rechercher une autre fois la cause : c'est que la très-grande majorité des individus enterrés à Mont-Louis étaient parvenus à cet âge où la mort est un droit et non un sacrifice, tandis que le cimetière de Montmartre donne lieu à une observation directement contraire,

N° XV. — *8 novembre* 1811.

RECHERCHES SUR L'ALBUM

ET SUR LE CHIFFONNIER SENTIMENTAL.

Un de vos Correspondans a publié dans votre feuille une critique très-ingénieuse de la mode des *Album*; mais il ne s'est pas aperçu qu'il favorisait lui-même l'abus qu'il voulait attaquer; car un journal est-il autre chose qu'un *Album* où l'imprimeur engage ses amis et ses connaissances à déposer le tribut de leur esprit et de leur imagination, s'ils en ont? Cette réflexion m'a porté à faire quelques recherches sur l'origine des *Album*, et sur l'étendue qu'on peut donner à leur signification.

On en découvre la première trace dans ce sentiment d'orgueil ou d'exaltation qui nous invite à laisser des signes de notre passage dans les lieux où l'on n'arrive pas sans péril ou sans quelque intention remarquable. De là ces inscriptions qui couvrent les rochers de la fontaine de Vaucluse, les pyramides de Gizé, la flèche du clocher de Strasbourg, de-là ces *ex-voto* que les pèlerins et pélérines philosophes allaient attacher au tombeau de Rousseau à Ermenonville, ou à la niche qui enferme son buste à l'hermitage de Montmorenci ; la plus célèbre des inscriptions de ce genre est celle que le second de nos poètes comiques traça sur l'*Ablum* du cercle polaire :

Sistimus hic tandem nobis ubi defuit orbis.

Ce procédé peut s'appeler l'*Album à plein-vent*. Vient ensuite l'*Album des Murailles*. Cette nouvelle espèce est encore plus riche que la précédente. On sait que les malades ou les empyriques décrivaient sur les murs du temple d'Esculape les maladies et les remèdes qui les avaient guéris. Hippocrate recueillit ces devises, et le premier et le meilleur livre de medecine fut un *Album*. Dans tous les tems, les murs des prisons, des corps-de-garde, des écoles, des auberges, ont été des registres ouverts aux impromptus des hommes. La plume, le crayon, le stylet, le pinceau se sont distingués à l'envi sur ces tables enfumées. On en a retrouvé l'empreinte dans les ruines d'un corps-de-garde d'Herculanum. On en cite mille traits, depuis le terrible cri de vengeance du proscrit de Florence :

Exoriare aliquis nostris ex ossibus ultor!

jusqu'aux arabesques des écoliers de nos lycées. Les auberges offrent, sur-tout en ce genre, la plus riche moisson à faire. On ne saurait nombrer toutes les choses gaies, spirituelles, originales que les Français y ont déposées depuis vingt ans dans leurs fréquens passages sur les routes d'Italie et d'Allemagne. J'ai lu sur la même muraille, à côté d'une pensée digne de Pascal ou de La Bruyère, un quatrain qui ferait envie parmi nous au héros du distique, et au-dessous des chiffres tracés par la main avare du fournisseur, l'énergique serment d'amour d'un carabinier. Est-ce qu'aucun postillon littéraire n'ira sauver ces trésors que menace à chaque instant le balai d'une servante ?

Passons maintenant à l'*Album vulgaire*, c'est

8

à-dire, à celui qui se forme aux dépens d'un registre blanc, et qui exige le concours de deux volontés. L'origine en est noble, sainte, majestueuse. Saint-Bruno avait fondé, au sein des Alpes, le berceau de son ordre. Tout voyageur y était reçu pendant trois jours, avec une hospitalité grave et décente. Au moment du départ, on lui présentait un registre, en l'invitant à y écrire son nom, qu'il accompagnait ordinairement de quelques phrases inspirées. L'aspect des montagnes, le bruit des torrens, le silence du monastère, la religion grande et formidable, les religieux humbles et macérés, le tems méprisé et l'éternité partout présente, devaient faire naître sous la plume des hôtes qui se succédaient dans ces augustes demeures, de hautes pensées et de touchantes expressions. Aussi, quelques-uns de nos poètes vivans ont déposé dans ce répertoire des vers justement célèbres. Qu'est devenu ce registre si singulier et si précieux ? Les solitaires l'ont-ils emporté dans leur émigration ? Serait-il enterré dans quelques obscures archives de la ville de Grenoble ? Qu'on ne soit point étonné de mon inquiétude sur son sort ; car l'*Album* de la Grande-

Chartreuse est incontestablement le père et le modèle de tous nos *Album*.

Votre correspondant ne manquera pas de dire que la postérité du grand *Album* a bien dégénéré. Cependant, il est assez doux de réunir ainsi des traits de tous ceux qu'on aime ou qu'on admire. Quelquefois, il est vrai, c'est l'amour-propre qui impose ce léger tribut à la gloire et à l'amitié; mais l'amour-propre tient tant de place dans le bonheur, qu'on peut lui pardonner un peu d'importunité, sauf le droit de représailles. L'avenir, d'ailleurs, donnera de la valeur à ces petits recueils auxquels les contemporains ne savent donner que des ridicules. Les Anglais mettent du prix aux *Fac-Simile*, qui ne sont que des imitations fidèles de l'écriture des personnages célèbres. *La Guirlande de Julie* a, je crois, été vendue 14,000 fr. dans un encan public. Il y a, même au Marais, des *Album* bien supérieurs en esprit et en variété à ces insipides madrigaux de l'hôtel de Rembouillet. Je ne serais point surpris que, dans cinquante ans, de petites filles se mariassent en apportant pour dot l'*Album* de leurs sensibles grand'mères, dans un siècle de mathématiques, cette considération n'est pas à dédaigner.

En poursuivant mes recherches, j'ai découvert un autre usage qui est encore peu connu, mais qu'on peut regarder comme un perfectionnement de l'*Album*, et comme l'*ultimatum* de l'amitié passionnée. On le doit à quelques dames tendres et nerveuses, à qui leur vague inquiétude ne permet jamais d'habiter long-tems dans le même lieu. Sans cesse elles voyagent, et sans cesse elles se passionnent pour ceux ou celles qu'elles ont vus une semaine, un jour, une heure; elles ne peuvent s'en détacher, si elles n'emportent un souvenir de leur part, un léger don qui ait tenu à leur personne. C'est un anneau, un collier, un vieux ruban, une plume, une fleur sèche, un fragment de gaze ou d'oripeau. Rien n'est froid, rien n'est vil dans ces faveurs symboliques : on ne trouverait pas même étrange l'affectation de ce vilain Vitellius, qui portait dans son sein un soulier de la fameuse épouse de Claude. Quand ces belles conquérantes reviennent dans leur patrie chargées de si chères dépouilles, leur premier soin est de les disposer d'une manière convenable aux besoins de leurs cœurs. Les unes les déploient dans *le Temple de l'Amitié*, construit au milieu d'un parc romantique; les autres en décorent un boudoir retiré, qui devient la *Chapelle des Souvenirs*. Le plus grand nombre se contente de les arranger dans un meuble précieux. Comme ce dernier usage est le plus commun, le meuble qu'on y destine prend le nom générique de *Chiffonnier Sentimental*, qui s'applique à toutes les collections de ce genre, quel que soit leur dépôt; mais, au reste, dans le temple, dans le boudoir ou dans le chiffonnier, ces innombrables débris de parure ou de vêtement, que des esprits grossiers appelleraient la fripperie de l'Europe, sont étiquetés soigneusement avec la date, le lieu et le nom de la personne qui a fait le don. On sent bien que, sans ces précautions, les dames, dont la sensibilité a un emploi si étendu, seraient exposées à faire beaucoup de méprises dans les objets de leur culte et dans la mesure de leur idolâtrie.

J'en suis fâché pour les dames françaises, mais ce n'est point à elles qu'est due l'invention du *Chiffonnier Sentimental*. Je ne doute pas qu'elles ne l'adoptent et ne le perfectionnent aussitôt qu'il leur sera connu. Une mode n'entre dans le domaine de l'histoire qu'autant que leur aimable génie y a mis le sceau. Je dois donc me borner à dire que *le Chiffonnier Sentimental* a été ébauché par les ames les plus tendres et les cœurs les plus palpitans de l'Angleterre et de la Pologne. Il semblerait d'abord que de telles conceptions dussent appartenir aux imaginations du midi; mais, hélas! il n'en est rien. Les climats ardens consument trop vite les souvenirs. Les dames y portent dans leurs affections un positif désespérant pour nous autres mélancoliques; c'est là que les absens ont tort, et qu'un *Chiffonnier Sentimental* serait bientôt relégué au garde-meuble.

J'espère que nos dames lui feront un meilleur accueil; en recevant ce présent des régions hyperborées, ne pourront-elles pas leur rendre, en échange, de la monnaie française, telle que les charivaris de breloques, les bagues hiéroglyphiques de l'alphabet des pierres de couleur. Mais je pense que, pour divulguer ces mystères, vous avez un *Hermite de la Chaussée-d'Antin* dont l'esprit est plus riche et l'observatoire mieux situé que le mien. P. E. L.

OBSERVATIONS DÉTACHÉES.

Les travaux de la nouvelle rue qui doit, en rejoignant celle de Tournon, se prolonger jusqu'au palais du Luxembourg, se poussent avec la plus grande activité. Cet édifice, commencé en 1615, sous le règne de Marie de Médicis, fut exécuté sur les dessins de Jacques Desbrosses, et l'on court encore y admirer cette belle galerie où Rubens peignit l'histoire entière de cette reine, dont le titre le plus glorieux est d'avoir été l'épouse de Henri IV. Construit sur le terrain où fut autrefois l'hôtel de Luxembourg, ce palais en a conservé le nom. Après avoir été successivement habité par Marie de Médicis, par cette belle duchesse de Berri, de scandaleuse mémoire, et par le comte de Provence, à qui Louis XVI en avait fait don, le Luxembourg a reçu, depuis quelques années, une destination digne de sa magnificence, en devenant le palais du Sénat Conservateur. Entre autres embellissemens exécutés depuis peu, on admire le superbe escalier qui conduit à la salle des séances, où se trouvent les statues des généraux Kléber, Hoche, Desaix, Dugommier, Joubert, Caffarelli, Marceaux, et celles de nos plus célèbres orateurs. Cet escalier est l'ouvrage de M. Chalgrin; et quelque critique qu'il ait essuyée, nous pensons qu'il fait honneur au talent de cet habile architecte.

Les jardins, augmentés des terrains provenant du cloître des Chartreux, sont aujourd'hui, par leur étendue, leur disposition, et la grande quantité de statues qui les décorent, au nombre des plus beaux jardins de l'Europe : ce sont les Tuileries du pays latin. Les élèves de l'Ecole de Droit viennent s'y délasser, auprès des jolies et modestes bourgeoises de la rue de Vaugirard et de l'Estrapade, des fatigantes études de Cujas et de Justinien : quelques étudians en médecine, pressés d'obtenir le funeste diplôme, y commentent, dans la solitude des allées latérales, les Aphorismes d'Hippocrate ou la Pharmacopée de Beaumé : les rentiers de la rue d'Enfer viennent y prendre le frais, et quelques choristes des bouffons y fredonner à jeun *le finale d'el Matrimonio secreto*, ou *de Nozze de Dorina*.

— Les décorations extérieures des boutiques acquièrent chaque jour un nouveau degré de recherche et d'élégance ; aussi, lorsqu'il arrive qu'un marchand fait de mauvaises affaires, l'huissier qui vient saisir, dresse dans la rue la plus grande partie de son procès-verbal. Au nombre des magasins qui se distinguent par ce luxe d'étalage, nous citerons la parfumerie de M. Tessier, la pharmacie de M. Lescot, la distillerie de M. Fargeon, et la manufacture d'armes de M. Pirmet, que l'on décore en ce moment. Il est difficile d'imaginer quelque chose de plus élégant, de plus riche et de meilleur goût que les ornemens extérieurs de ce magasin ; tous les attributs de la guerre et de la chasse y sont ajustés et distribués de la manière la plus ingénieuse. Mais tout ce faste des magasins modernes obtient à peine quelques regards de la multitude, tandis qu'il se presse autour du modeste étalage du libraire de la rue du Coq. Cette boutique a ses habitués, qui n'ont jamais mis le pied dans l'intérieur : ils se contentent d'examiner, à travers les vitres, toutes les belles choses offertes à leur curiosité ; de passer en revue les caricatures nouvelles, les costumes de théâtre, les portraits d'acteurs et de musiciens, les uniformes des troupes françaises et étrangères, les mises de bon goût, les meubles de bon genre, et nous citerions telle personne de bon ton qui, de son aveu, passe plus agréablement une heure devant la boutique de Martinet, qu'à la représentation d'un des chefs-d'œuvre de Molière.

N° XVI. — 9 *novembre* 1811.

CORRESPONDANCE.

Je fais chaque jour l'expérience qu'il est imposible d'écrire dix lignes sur quelque sujet que ce soit, sans compromettre dix intérêts particuliers, sans froisser vingt amours-propres; les reproches, les plaintes, les réclamations m'arrivent de tous côtés, et, chose assez ordinaire, les uns se plaignent de ce dont les autres se louent, (car je reçois bien, de loin en loin, quelques lettres de remercîmens.) Pour diminuer et simplifier un peu ma Correspondance, je commencerai ce numéro par un *petit avis*, dont chacun de ceux qui m'ont écrit prendra sa part sans que je sois obligé de la lui faire.

Je préviens donc *ceux-ci* que le Bulletin de Paris n'est pas le Journal d'Indications, et que les inventeurs de nouveautés, les auteurs de découvertes, les marchands qui cherchent à se mettre en vogue peuvent se dispenser d'y solliciter une insertion, qu'ils n'obtiendont pas même aux prix de certaines *légitimations*. Je déclare à *ceux-là* qu'ils doivent chercher un autre canal pour faire circuler la médisance, les noirceurs et les calomnies; un autre champ pour établir leurs intrigues; un autre instrument pour servir leur haine : enfin, je recommande *à tous* de ménager mon tems et leur papier, en ne m'écrivant que lorsqu'ils auront véritablement quelque chose d'intéressant à dire au public. Cela convenu, je choisis, entre toutes les lettres qui me sont parvenues, celles qui me paraissent de nature à pouvoir être mises sous les yeux de mes lecteurs.

Paris, le 1er novembre 1811.

Il y a deux mois, M. l'Hermite, que j'étais entièrement de votre avis sur l'éducation des jeunes filles (*); je soutenais avec vous qu'elles ne pouvaient être, nulle part, mieux élevées que dans la maison parternelle, et c'est, je crois, le seul point sur lequel j'aurais été capable de ne point céder à ma femme, si l'expérience, contre laquelle viennent échouer tous les raisonnemens du monde, ne s'était déclarée en sa faveur. Je m'explique : vous saurez d'abord que je suis le mari d'une femme qui n'a d'autre tort à mes yeux que d'avoir le caractère, l'esprit et le langage un peu romanesques ; nous avons deux filles, dont le bonheur a toujours été notre première et notre plus douce occupation ; mais nous voulions y travailler par des moyens différens. Sans être tout-à-fait de l'avis de M. de L..., qui voudrait qu'on enfermât les femmes, à la manière des Orientaux, je suis très-porté à croire qu'une vie plus sédentaire, des plaisirs moins bruyans, des talens et des vertus plus modestes, ajouteraient beaucoup à leur considération et à notre repos. Ma femme, dont les idées sur ce chapitre sont diamétralement opposées aux miennes, me répétait sans

---

(*) Voyez le N° VII.

cesse, dans un jargon auquel j'ai eu beaucoup de peine à m'habituer, « que les jeunes filles sont de fleurs, et que leur culture doit avoir pour objet d'ajouter aux charmes dont la nature les a dotées. » Je répondais qu'on s'occupe trop des fleurs, et qu'on néglige les fruits; bref, de métaphore en métaphore, nous finissions par nous disputer d'autant plus sérieusement, que nos filles grandissaient, et qu'il ne fallait plus discourir, mais se décider, sur l'éducation qu'on leur donnerait. Ma femme, qui vit bien, cette fois, qu'il n'y avait pas moyen de tout obtenir, proposa un *mezzo termine* plus raisonnable qu'à elle n'appartenait. « Nous avons deux filles, me dit-elle ; chargez-vous de l'éducation de *Louise* (c'est l'aînée) moi, je surveillerai celle de *Palmire*, et nous verrons, par les résultats, qui de nous deux aura suivi le meilleure route. » Ce plan arrêté, Palmire a été mise en pension chez Mme B...., où elle a reçu l'éducation la plus brillante, tandis que sa sœur, élevée sous mes yeux, n'a point quitté la maison paternelle. Ces deux éducations si différentes ont eu tout le succès que chacun de nous pouvait espérer. Palmire est citée partout comme un modèle d'élégance, de grâce et de talens; Louise possède au plus haut dégré toutes les qualités solides, toutes les vertus domestiques: elles sont également bien partagées sous le rapport de la figure; elles ont droit à la même dot; et cependant (car il faut bien convenir du fait, lors même qu'il prononce contre moi) il s'est présenté un grand nombre de partis pour la cadette, que nous venons de marier de la manière la plus avantageuse, avec un entrepreneur des vivres, riche de plus de 40 mille livres de rente, tandis que ma Louise n'a encore été demandée que par un vieux médecin et un jeune auteur. Qu'en dites-vous, M. l'Hermite ? Que deviennent, à l'application, mes principes et les vôtres, et que faut-il que je réponde à ma femme, quand elle m'accable du poids de mon propre exemple ?

J'ai l'honneur d'être, etc.

GEORGES FREMONT.

JE ne répondrai pas, avant un an, à la lettre de M. Georges Fremont; en y réfléchissant, il devinera pourquoi j'ai besoin d'un aussi long délai.

De Versailles, ce 28 octobre 1811.

MONSIEUR l'Hermite, de quoi vous mêlez-vous ? Parce que vous n'avez point d'enfans, est-ce une raison pour tourmenter ceux des autres ? Avec vos maudites observations sur les pensionnats de jeunes demoiselles, sur les distributions des prix, vous êtes cause que me voilà reléguée à Versailles, où je trouverai un mari quand il plaira à Dieu. Mon père, pour qui les articles de *son* journal sont des articles de foi, n'a pas manqué d'adopter vos dernières rêveries sur l'éducation; et par la même raison qui l'avait décidé, il y a trois ans, à me faire élever dans une des pensions les plus brillantes de la capitale, dont le journal qu'il recevait alors avait fait l'éloge, il vient de m'en retirer brusquement, par déférence à l'opinion que vous avez manifestée dans vos derniers articles. J'étais si heureuse dans ma pension ! La matinée se passait à étudier mon piano, à filer des sons, à dessiner des fleurs ; il est vrai que j'avais une heure d'étude très-sérieuse, que j'employais à traduire quelque sonnets de Pétrarque, quelques *octaves* de l'Arioste ; mais en récompense, la soirée entière était consacrée aux *gavotes*, aux *cosaques*, aux *montférinnes*, à toutes ces danses de caractère où j'aurais excellé, de l'aveu même de mes rivales. Grâces à vous, je suis rentrée sous le toit paternel avant que mon éducation soit achevée, sans avoir appris le *pas russe* et la *danse du schall*, sans savoir jouer du tambour de basque et des castagnettes. On veut que je m'occupe des détails les plus minutieux d'un ménage; que j'accompagne, le matin, la femme-de-charge au marché; que je tienne le livre de dépense; que j'apprenne à coudre, à broder, et l'on me promet pour récréation une promenade, le dimanche, au *Tapis-Vert* ou le long de la *pièce d'eau des Suisses*. Jamais, je le sens, je ne pourrai me faire à cette vie-là; et si vous ne voulez pas avoir à vous reprocher mon malheur, et ma mort peut-être, vous réparerez le mal que vous m'avez fait, en insérant dans votre journal un article toute contraire à celui dont je me plains. Je ne vous demande qu'une chose fort simple, et qui se fait tous les jours; si vous me refusez, comptez sur une rancune éternelle.

ATALA DE ST.-H....

Je ne suis pas bien sûr de remplir exactement les intentions de ma jeune correspondante, en publiant sa lettre; mais ses reproches m'ont paru si bien fondés, ses raisons si frappantes, que j'aurais craint de les affaiblir en cherchant à les faire valoir.

Sainte-Pélagie, le 2 novembre 1811.

Vous me connaissez, au moins de réputation, mon cher Monsieur; ce qui fait que vous serez moins surpris en voyant de quel lieu ma lettre est datée, et que vous trouverez tout simple que je m'adresse à vous, de préférence, pour réclamer publiquement contre l'abus dont je suis victime : d'ailleurs, en ma qualité de reclus, j'ai droit à la bienveillance d'un Hermite. On prétend que je suis un des jeunes gens les plus dérangés de Paris, le tout parce que je dois quelques mille francs à des selliers, à des horlogers, à des tailleurs, gens que j'ai mis en réputation, qui n'en exigent pas moins que je les paie. Depuis dix ans que je suis à Paris, j'ai trouvé le moyen de joindre à mon patrimoine cinq cents louis de dettes par an, ce qui me fait tout juste un revenu de douze mille livres de rente, que je dépense de la manière du monde la plus honorable. Pour vous donner une idée de mon talent pour les dettes, vous saurez que je suis parvenu à me faire prêter quinze cents francs par un Juif de la rue des Blancs-Manteaux, sur un simple *billet à ordre*, car j'ai toujours eu pour principe de ne jamais faire de lettre-de-change, et je me suis toujours dit, avec un de nos meilleurs poètes comiques :

C'est jouer trop gros jeu que risquer le *par corps*.

Après cela, vous me demanderez par quelle fatalité je me trouve où je suis? Par suite des ruses d'un vieux matois d'huissier. A l'aide d'une rame de papier timbré que ne déchiffrerait pas le plus habile expert ; d'une assignation, *parlant à un homme se disant son portier* (notez que c'est une portière), *d'un jugement par défaut signifié au domicile du débiteur, d'un visa des pièces dont les frais ont été réglés à* 274 *francs* 75 *cent., non compris le coût du présent*. Finalement, à l'aide de tout ce grimoire infernal, que je n'ai eu ni la patience ni la possiblité de lire, je me trouve claquemuré dans une prison du faubourg St.-Marceau. Vous sentez, Monsieur, les suites que peuvent avoir de pareilles vexations, si l'on ne s'empresse d'y mettre ordre. Quel est le jeune homme qui peut se flatter d'échapper aux huissiers, s'ils ont trouvé prise sur moi ? On ne fait des dettes que parce que l'on a du crédit ; le crédit est l'ame des affaires ; s'il nous faut payer comptant, nous n'achèterons rien, les ouvriers ne travailleront plus, l'industrie s'éteindra, et le commerce finira par s'anéantir. Il s'agit d'arrêter le mal dans sa source, et personne ne peut le faire avec plus de succès que vous ; occupez-vous-en, je vous prie ; de mon côté, je vais employer mes loisirs à composer un vaudeville, où je tournerai les créanciers en ridicule ; à faire une satire contre les huissiers, avec cette épigraphe :

Quis funem quem meruere dabit.

Et un Mémoire contre la contrainte par corps avant l'âge de quarante ans. Je compte sur le produit de ces trois ouvrages pour sortir d'ici, et je désire que vous les annonciez d'avance dans votre Bulletin.

J'ai l'honneur d'être, etc. ERNEST.

Paris, 3 novembre 1811.

Monsieur, j'ai la plus grande confiance en vous, et je vous regarde comme le véritable arbitre du bon ton et des convenances; veuillez donc éclairer mon incertitude sur un point très-important, puisqu'il ne s'agit pas moins que de la réputation et de la santé. Pour ne point abuser de votre tems et de votre complaisance, je poserai la question en très-peu de mots. J'habite ordinairement la province; obligée de suivre mon mari dans la capitale où ses affaires l'ont appelé et le retiendront quelques mois encore, ma santé, très-délicate, a souffert de ce déplacement, et mon médecin m'a recommandé l'exercice. Comme je ne connais personne dans cette ville, et que je demeure dans le voisinage des Tuileries, je ne manque guères, lorsque le tems le permet, de faire seule, deux ou trois fois, le tour de ce beau jardin, et cette promenade journalière me fait un bien infini. Après cela, croiriez-vous, Monsieur, que mon mari m'engage à y renoncer, et cela, sous prétexte qu'une femme qui n'a pas cinquante ans ne peut se promener seule, à Paris, sans donner d'elle une idée très-défavorable ? Il est bien vrai que j'ai eu, plus d'une fois, l'occasion de m'apercevoir, dans mes promenades, que j'étais l'objet d'une attention particulière ; mais je vous avouerai franchement que j'expliquais cette curiosité d'une manière beaucoup plus flatteuse pour mon amour-propre. Mon mari n'est point galant, il tient à son opinion, mais en matière pareille il ne fait pas autorité pour moi, et je continuerai à me promener *seule* jusqu'à ce que vous m'ayez fait connaître votre décision.

J'ai l'honneur d'être, etc.

VICTORINE DE M.

QUOIQUE je sois assez généralement disposé à donner raison aux femmes contre leurs maris, je croirais manquer à la confiance que m'accorde mon aimable correspondante, si j'étais, cette fois, d'une autre avis que son époux. Il est très-vrai qu'une jeune femme, à Paris, ne peut se montrer seule dans une promenade publique ; non-seulement cela n'est point du bon ton, ce qui ne veut pas dire grand chose, mais cela n'est pas convenable, et par conséquent il faut s'en abstenir ; car s'il est permis de braver la mode, il ne l'est pas de braver l'opinion. Maintenant, si Mme de M..... me demande pourquoi l'usage, qui défend aux femmes de se promener seules, leur permet de se promener partout accompagnées de plusieurs jeunes gens, et, qui pis est, d'un seul, je répondrai que je ne suis point chargé de rendre compte de toutes les contradictions de nos mœurs, et qu'après tout il y a des choses très-innocentes qu'on ne doit pas faire, par la seule raison qu'elles sont dans les habitudes des gens avec lesquels il faut éviter toute comparaison.

N° XVII. — 17 *novembre* 1811.

UNE FAMILLE DE LA CHAUSSÉE-D'ANTIN.

—

Hélas! où donc chercher, où trouver le bonheur?
. . . .
— Nulle part tout entier, partout avec mesure.
VOLT. *Disc. en vers.*

RÉPONSE A UN BOURGEOIS DU MARAIS (*).

Au nom de la paix, mon cher Monsieur, faites la mienne avec les habitans de votre quartier; il m'est trop pénible de penser que je puis être une occasion de trouble entre des citoyens dont j'honore les mœurs patriarchales et les vertus héréditaires: dites-leur bien que je suis prêt à affirmer, par serment, s'il le faut, que, depuis les intrigues de la *belle Marie*, les petits soupers

---

(*) Voyez le N° VI.

de Ninon et les petites débauches du bonhomme *Chapelle*, il ne s'est rien passé au Marais qui ne soit conforme aux règles de la plus saine morale; faites, je vous en prie, entendre raison à ces bonnes dames de la Place-Royale, *qui veulent m'arracher les yeux*, parce que j'ai dit qu'on dînait à deux heures dans la rue Boucherat, qu'on s'y couchait à neuf, et que le luxe des équipages ne s'y élevait guères au-dessus de la demi-fortune. J'ai laissé, je m'en souviens, échapper le mot de *vanité bourgeoise*; mais après tout ce n'est pas trop d'un ridicule pour tout un quartier, sur-tout quand il ajoute au bonheur. Jouissez du vôtre, mais avec modestie, s'il est possible, et ne soyez pas choqué d'apprendre qu'un pareil bonheur ferait pitié à nos Mondor de la Chaussée-d'Antin. Maintenant, pour savoir jusqu'à quel point ce mépris est injuste et déplacé, il vous suffit de jeter les yeux sur un petit tableau de famille dont je vous garantis la fidélité.

S'il vous est jamais arrivé de pousser votre promenade jusqu'au boulevart Italien, et si dans une de ces excursions inusitées vous avez parcouru la rue du Mont-Blanc, dans toute sa longueur, vous aurez peut-être remarqué au bout d'une longue allée de maronniers, un hôtel d'une apparence plus élégante que fastueuse: dont le péristyle est formé par une espèce de tente en coutil, supportée par des faisceaux d'armes: c'est-là que je laisse étendu mon parapluie à canne, quand, dans l'hiver, après l'heure de la bourse, je vais voir mon vieil ami M. Pr..., l'un des plus riches et des plus honorables banquiers de cette ville. On pourrait croire qu'un homme pour qui le travail est le premier des besoins et des plaisirs, qui jouit d'une santé parfaite, d'une fortune de deux cents mille livres de rente et d'un crédit inébranlable, fondé sur une réputation sans reproche; qui joint à ces grands avantages celui d'être l'époux d'une femme charmante et le père de deux enfans dont il est tendrement aimé, on pourrait croire, dis-je, que M. Pr... est l'homme le plus heureux de la terre, au sein d'une famille à laquelle son excellent cœur, sa générosité sans bornes ne laissent rien à désirer; et cependant personne, dans cette maison, n'est content d'un sort qui fait envie à tout le monde.

M. Pr... a épousé, en secondes noces, une femme de vingt-cinq ans, d'une beauté remarquable, et qu'il aime à l'idolâtrie. Toute jeune qu'elle est, son caractère l'est encore davantage, et la toilette est la seule affaire de sa vie : les plus beaux tissus de cachemire encombrent ses chiffonniers ; *Sansier*, tous les six mois, remonte ses parures de diamans et de perles ; *Leroy* lui fait hommage des prémices de son industrie ; *Noustier* tient toujours en réserve, pour elle, des étoffes du goût le plus nouveau ; ses équipages (dont son mari ne se sert jamais) sont cités pour leur élégance : indépendamment d'une terre magnifique, à quinze lieues de Paris, elle a, dans la vallée de Montmorency, une jolie maison de campagne, dont elle a fait le rendez-vous de la société la mieux choisie et des artistes les plus distingués.

Eh bien, qui le croirait ? un chagrin secret la dévore ; il la suit partout, à sa toilette, au milieu de ses amis, dans sa loge à l'Opéra ; son existence entière en est empoisonnée.

. . . . *Et tacitum vivit sub pectore vulnus.*

N'allez pas vous imaginer qu'il s'agit d'une

passion malheureuse ou contrariée : Mme Pr...
est coquette, mais elle n'en est pas moins attachée à ses devoirs. Le sujet caché d'une si profonde douleur, c'est que la rue du Mont-Blanc commence à perdre de son éclat, que les boutiques l'envahissent de tous cotés, et que, dernièrement à la sortie de l'Opéra, elle a entendu que l'on disait derrière elle : « Voyez-vous cette jolie femme ? C'est Mme Pr..., dont le mari a ce bel hôtel dans la rue du Mont-Blanc, à droite, *entre le chapelier et le parfumeur.* » Plus de repos, plus de bonheur pour elle, jusqu'à ce qu'elle ait un hôtel dans la rue du Faubourg-Saint-Honoré ; un hôtel qui ait un nom, et qui lui fournisse l'occasion de dire : « J'occupe l'ancien hôtel de....., près du palais du prince de T.... » Par malheur, une maison de banque ne se déplace pas aussi facilement qu'un boudoir de petite-maitresse; et voilà mon vieil ami condamné, jusqu'à ce qu'il ait quitté les affaires, à voir sa femme se consumer dans des maux de nerfs, dont le docteur Ali.... la traite fort inutilement.

Cette puérile ambition, dont sa femme est tourmentée, rend sa fille encore plus malheureuse. Amélie n'a pas plus de seize ans; aux avantages d'une figure charmante, d'un esprit orné, des talens les plus agréables, elle joint celui d'être comptée au nombre des plus riches héritières de Paris : près d'une belle-mère dont on la croirait la sœur, elle jouit de tous les agrémens d'une jeune personne et de la liberté d'un femme mariée; point de bals, point de concerts où elle ne brille; on lui a déjà dédié dix recueils de sonates, vingt cahiers de romances; son *Album*, en quatre gros volumes, ne suffit pas à la foule des *inscripteurs*; elle est l'objet de tous les vœux, de tous les hommages. Son père est dans l'intention de la marier au fils de son ancien associé, digne à tous égards d'être son gendre et son successeur. Tout ce réunit en faveur de ce mariage, tout, excepté le consentement d'Amélie. Une jeune personne de ses amies, élevée comme elle à Saint-Germain, mais beaucoup moins bien partagée du côté de la fortune, vient d'épouser un maréchal d'Empire. Dans la visite de noces que celle-ci lui a faite, Amélie n'a pu voir, sans une extrême jalousie, ces livrées à larges galons de soie, cette voiture décorée d'armoiries peintes par *Devaux*, et peu s'en est fallu qu'elle ne se trouvât mal de dépit en entendant annoncer la jeune mariée par le titre de son mari.

Charles, son frère, a vingt-deux ans, et son père lui fait une pension de vingt mille francs; mais cette somme est bien loin de suffire à ses dépenses; ses équipages de chasse le ruinent. Depuis qu'il a obtenu une lieutenance de louveterie, il lui faut des piqueurs, des meutes; il a dépensé son revenu de six mois pour s'en faire une de cinquante chiens *du même pié*, et pour transformer en chenil l'orangerie du château paternel. Charles est d'une grande force à la paume : il y joue gros jeu; mais, comme il a encore plus d'amour-propre que de talent, il ne veut recevoir d'avantages de personne, pas même de M. Dur..., qui manie la raquette presque aussi bien que la plume : aussi Charles perd-il toujours. Il n'a pas compté depuis quatre ans avec *Léger*, *Astley* et *Pauly*, qui commencent à se lasser de lui fournir à crédit des habits, des bottes et des caricks. Il passe ses matinées au *Tir de Le Page*, *au Bois* ou *au Rocher de Cancale*; dépense plus de mille écus par mois, et vient, de tems en tems, m'emprunter quelques louis pour achever de payer une jument anglaise ou un cheval turc que Rivière ou Lafolie ne veulent vendre qu'au comptant. Je lui fais acheter par un sermon l'argent que je lui prête, et je n'ai pas de peine à le faire convenir qu'après la vie d'un clerc de procureur, la plus insupportable est celle d'un jeune homme que le désœuvrement fatigue et que les créanciers assiégent.

Tel est l'intérieur de cette famille, dont le chef serait l'homme le plus heureux du monde s'il pouvait l'être indépendamment de ceux qui l'entourent ; si les goûts de sa femme et de ses enfans, en opposition constante avec la simplicité de ses mœurs et de ses habitudes, ne le forçaient à un genre de vie qui ne lui convient en aucune manière. Je crois le voir encore dans le comptoir de son père, au milieu d'une claire-voie de noyer, calculant l'Amsterdam *banco* et le cours du change, sur un large bureau recouvert d'un gros cuir noir : c'est là qu'il a doublé la fortune de sa maison déjà très-considérable, en accréditant un nom que l'opinion publique associait à ceux des T...., des D...., dont s'honore le commerce de France. Depuis son second mariage, ses habitudes ont été totalement dérangées. Sa femme a profité d'un voyage qu'il a été forcé de faire à Hambourg, pour décorer ses bureaux : les ouvriers se sont emparés du local ; les modestes étages qui supportaient, depuis cinquante ans, les livres de commerce, ont été remplacés par des rayons en acajou ; des paravens à glace ont été substitués à la claire-voie ; un magnifique secrétaire à cilindre, chef-d'œuvre de Ravrio, a pris la place de l'énorme bureau noir ; des bronzes antiques, d'élégans quinquets à globe ont été disposés avec un goût infini, sur des tablettes en citronnier, à filets de cuivre. Désespéré de ces changemens, mon pauvre ami, à son retour, s'est vu forcé de les recevoir comme une attention de sa femme, et de cacher, sous un air de satisfaction, le chagrin véritable qu'il en ressentait. Pour comble de disgrace, Madame avait fait placer chez lui cinq ou six jeunes gens, tous recommandables par leur goût et leur talent pour la musique ; et comme dans le nouvel arrangement les bureaux sont contigus à la salle de concert, c'est le plus souvent au bruit d'une symphonie de Haydn, d'un cœur de Gluck ou d'un final de Mozart, que les commis calculent les *comptes-courans*, relèvent le *mémorial* et numérotent les *bordereaux*.

Voyez maintenant, mon cher Monsieur, si, tout bien calculé, vous n'êtes pas véritablement plus heureux avec une femme qui n'a de volonté que la vôtre ; avec une fille qui vous chante tons les jours au dessert : *Partant pour la Syrie*, *Bocage que l'aurore*, etc.; avec un fils qui peut, en travaillant encore une dixaine d'années, savoir assez de mathématiques pour entrer dans les ponts et chaussées ; si vous n'êtes pas plus heureux enfin, au Marais, avec vos *dix mille livres de rente*, qu'un des plus riches particuliers de la Chaussée-d'Antin, comblé des faveurs de la fortune, mais obligé sans cesse de faire, à ceux qu'il aime, le sacrifice de ses volontés, de ses goûts et de ses habitudes.

J'ai l'honneur de vous saluer.

OBSERVATIONS DÉTACHÉES.

Dès que les hommes sont rassemblés, fût-ce même aux spectacles des Boulevards, ils se doivent mutuellement, et chacun doit sur-tout à la réunion dont il fait partie, de se conduire avec décence et d'éviter toute espèce de scandale. Ce respect des bienséances publiques a de tout tems distingué les Français entre tous les peuples de l'Europe, et sans doute il importe de signaler à sa naissance un abus qui tend à effacer ce trait marquant du caractère national. On assignait autrefois (dans les spectacles où elles étaient admises) une place particulière à ces femmes qui n'en ont aucune dans la société ; on a cru plus conforme aux bonnes mœurs de ne point attirer les yeux sur elles en les réunissant, et il en est résulté des inconvéniens beaucoup plus graves. Une mère de famille ne peut aujourd'hui conduire sa fille à tel et tel spectacle (que nous finirons par nommer) sans courir le risque de partager sa loge avec une courtisane effrontée dont le langage et la conduite trahissent bientôt la profession, et forcent la femme honnête à se retirer, pour ne pas tenir pendant deux heures, sous les yeux de sa fille, un exemple de la plus impudente dépravation. Ce fait que je cite j'en ai été témoin, et je ne doute pas qu'il ne finisse par éloigner la bonne société d'un théâtre où il se renouvelle presque tous les jours.

— Croira-t-on qu'il existe dans cette grande capitale une classe assez nombreuse de gens qui ne possèdent pas un sou, qui n'exercent aucune profession, qui n'ont ni parens ni amis, dont la conduite n'a rien de légalement répréhensible, et qui trouvent cependant le moyen de mener une assez douce vie? Voici la solution de ce singulier problême. L'homme que nous prendrons pour type de l'espèce dont il est question, sort de chez lui de fort bonne heure : une pièce d'estomac de batiste, bien blanche et bien plissée, supplée à la chemise qui lui manque; une cravate noire lui donne un air militaire dont il peut tirer parti au besoin; le drap de son habit, vu de près, laisse un peu trop à découvert le travail du tisserand, mais à tout prendre il est proprement vêtu; il peut, sans être désagréablement remarqué, se présenter par-tout :

c'est le point important. On l'a pris à témoin la veille dans un pari dont la perte entraîne un déjeûner au Rocher de Cancale, à la porte Maillot, ou sous la rotonde du Palais-Royal; il s'y trouve tout naturellement invité, et ne manque jamais d'arriver le premier au rendez-vous. Vers quatre heures il entre dans une maison de jeu, examine attentivement la figure, la contenance des joueurs, et s'attache de préférence à l'étranger que la fortune favorise. Un joueur qui gagne, dîne bien, et n'aime pas à dîner seul. Notre homme accompagne le ponte heureux chez le restaurateur, s'assied à table avec lui et dîne à ses dépens. Le dîner fini, il court au café Minerve, rendez-vous général des *claqueurs dramatiques* : il y a toujours quelque pièce nouvelle, quelque reprise, ou quelque rentrée d'actrice; notre homme est particulièrement connnu du *chef de file* à qui les billets sont prodigués dans ces jours solennels; il en obtient deux, court sous les galeries du théâtre, et propose à quelque provincial une entrée *gratis*, que celui-ci accepte avec reconnoissance. Placés l'un auprès de l'autre, l'habitué raconte à son voisin toutes les anecdotes des coulisses; lui dit le nom de chaque acteur; lui apprend quel est l'amant de chaque actrice, et lui fait l'histoire des chutes et des succès de l'auteur qu'on joue. L'offre d'un bol de punch ou d'un riz au lait après le spectacle, ne saurait payer tant de complaisance ; on se sépare très-satisfaits l'un de l'autre, avec promesse de se revoir le lendemain, et la connaissance intime commence, de la part de l'officieux désœuvré, par l'emprunt d'un ou deux écus de six francs, qui servent à payer une quinzaine de la mansarde qu'il occupe rue Saint-Jean-de-Beauvais

N° XVIII. — 22 *novembre* 1811.

CORRESPONDANCE (*).

Un bourgeois du Marais vous a écrit dernièrement, Monsieur, qu'il était l'homme du monde le plus heureux avec ses dix mille livres de rente. Je ne suis point du tout de son avis, quand je considère qu'il est de l'essence d'un bourgeois d'être envieux et jaloux, car il me semble que l'envie et la jalousie suffisent de reste pour attrister et même pour empoisonner tout-à-fait la vie. Assurément ces misérables passions ne peuvent être, nulle

---

(*) Cette lettre, ainsi que celles sur l'*Album*, sur le *Chiffonnier Sentimental*, et sur le *Public*, ne sont pas de l'Hermite de la Chaussée-d'Antin.

(*Note de l'Editeur.*)

part, plus puissamment excitées que dans cette immense ville où sont rassemblées toutes les merveilles du luxe le plus raffiné et le plus ingénieux. Il est bien difficile qu'un habitant de la rue Boucherat ne crève pas de dépit en songeant à tout ce qui se passe de beau et de brillant sur la fameuse Chaussée où vous vous êtes retiré, Monsieur, et dont vous nous décrivez fort agréablement les mœurs. Permettez-moi de vous faire connaître un bourgeois beaucoup plus heureux que tous ceux de Paris ensemble ; c'est celui qui est le premier de son village, et qui brille seul avec quatre ou cinq mille livres de rente, au milieu d'une petite société beaucoup moins riche, et composée de pauvres petits bourgeois sachant tout justement lire, écrire et chiffrer pour toute éducation et pour tout génie : mais, franchement, il s'agit de moi en cette occasion, et comme je pense que vous ne voulez pas vous borner à connaître les hommes qui habitent la rue Cérutti ou la rue Saint-Louis, je vous adresse le tableau, du moins fidèle, des mœurs villageoises de ce bienheureux mortel qui a l'honneur d'être le premier de son village ; ce qui, du tems des Romains même, valait mieux, comme vous savez, que d'être le second dans Rome.

Le village que j'habite n'est pas situé sur une *Chaussée* ou dans un *Marais*, mais bien au fond d'un vallon très-riant, éloigné de plus de six lieues de toute ville ou village un peu important, et ne correspondant presque jamais avec eux. J'ai, au beau milieu de ce village, une maison ayant six croisées de face et deux étages assez élevés, dominant, d'une manière saillante, toutes les maisons d'alentour, et les écrasant en quelque manière. J'ai un salon où je me tiens les fêtes et dimanches seulement, et dont j'ai le soin, ces jours-là, de laisser les fenêtres ouvertes quand il ne gèle pas, pour que le public de C*** puisse le voir à son aise en passant. Ce n'est pas, je vous assure, un des plus tristes momens de ma vie que celui où je vois jeter des regards d'envie et d'admiration sur mon ameublement, quoiqu'il ne soit pas neuf, et qu'il n'ait pas été renouvelé depuis quelques générations. Mais il est si parfaitement conservé, qu'il a encore, de la rue, un très-grand éclat. Il est vrai qu'on ne voit jamais l'étoffe du satin jaune et blanc qui garnit mes fauteuils, mes *cabriolets* et mon ottomane, parce que les couleurs en étant fort délicates, je la laisse toute l'année couverte d'une toile grossière. Mon père, mon grand-père en usaient ainsi, et j'ai la même habitude par ménagement pour leur mémoire et pour mon meuble, qui pourra passer ainsi à la postérité la plus reculée. Je ne savais pas encore, il y a peu d'années, quoique je sois déjà avancé en âge, de quelle étoffe ce meuble était garni, et c'est par hasard qu'un jour la curiosité me prit, et que je soulevai un coin de toile sous lequel je découvris, non sans un peu d'étonnement, le satin patrimonial, si je puis m'exprimer ainsi. Tout ce qui décore d'ailleurs mon salon est parfaitement en vue, excepté pourtant ma pendule et ma glace, qui sont recouvertes d'une gaze jaune, à cause des mouches et de la poussière. Ma tapisserie est composée d'une toile peinte sur place par un Piémontais, il y a environ quatre-vingt-dix ans, et représentant les quatre saisons : dans ce tems-là l'Hiver était un petit vieillard grelottant et portant un gros manchon de poil de renard ; le Printemps, une jeune fille pleine d'appas, et portant à la main un bouquet de roses; l'Eté, un grand garçon à demi-nud, armé d'un fléau et entouré de gerbes de froment; et l'Automne, une marchande de pommes. Du reste, le peintre a eu le soin de désigner parfaitement ses personnages, en mettant leurs noms au bas; et d'ailleurs ils sont assez ressemblans, quoique peints en camayeu. A côté des Saisons sont de jolis petits portraits de famille : celui de mon père, qui avait étudié pour être avocat, et qui est représenté tenant une plume d'une main et une lettre de l'autre; celui de ma mère, qui est représentée en Cérès; et celui d'une tante, en Minerve; le tout entouré de bâtons dorés.....

Si vous voulez avoir l'idée d'un homme parfaitement content de lui, je vous prie de me considérer adossé à ma cheminée plaquée de marbre, et recevant, d'un air protecteur, les visites de quelques bons voisins que je fais asseoir autour de mon feu, si on peut appeler de ce nom deux ou trois bûches de bois vert qui donnent un peu de fumée. Il faudrait voir sur-tout M. le maire et M. le curé me prier de leur lire ma *Gazette de France*, qui est le seul journal qu'on reçoive dans le canton, et sans laquelle nous ne saurions pas un mot de ce qui se passe dans l'univers.

Je vous laisse à penser si je brille dans ces réunions de village, et si en lisant, en quelque sorte, ma supériorité dans tous les yeux, je ne suis pas encouragé à dire *ab hoc* et *ab hac* toutes sortes d'impertinences, et à en rire moi-même de toutes mes forces et de tout mon cœur ? Y a-t-il en effet une position plus douce que celle d'être admiré, considéré uniquement et sans contradiction ; de passer pour un puits d'esprit et de science, quoique je ne sois peut-être qu'un ignorant, soit dit entre nous et entre dix ou douze mille de vos abonnés seulement ? Par exemple, j'ai eu occasion de briller bien complètement au sujet de la comète dont nous nous sommes beaucoup occupés avec *tout l'univers*, sans doute. Vous pensez bien qu'en ma qualité d'aigle, on m'a fait cent questions sur son compte. On m'en fait encore, et sur aucune je ne demeure court, comme vous pouvez croire. Les millions de lieues ne me coûtent guères, et à tout hasard je la fais voyager comme une folle autour de tous les astres qui me passent par la tête, et cela sans éprouver la moindre contradiction ; mais j'ai eu, sur-tout, une grande jouissance à faire l'esprit-fort, et à rassurer une douzaine de bourgeoises qui ont eu vraiment beaucoup d'effroi, et qui ont craint un moment pour la terre, à cause de cette énorme chevelure de la comète, laquelle chevelure ne leur paraissait point du tout *naturelle*. J'ai dit à ces dames et à leurs maris, aussi un peu alarmés, je leur ai dit qu'ils étaient des esprits faibles, des êtres superstitieux, fanatiques même ; je les ai engagés de toute la force de mon esprit à dormir tranquilles ; je leur ai repondu, corps pour corps, que la comète ne leur ferait aucun mal, non plus qu'à l'univers : je leur ai donné, au surplus, ma parole la plus sacrée qu'elle était éloignée de la terre de plus de cinquante-quatre millions de lieues de poste (car nous avons nos lieues de pays qui sont le double plus longues); et je me suis trouvé d'accord sur ce point, à une demi-lieue près, avec M. Burckhart, membre de l'Institut de France. Alors les alarmes ont tout-à-coup cessé; et non-seulement la plus grande sécurité règne dans tout le village, mais même tous mes voisins voyent maintenant la comète avec le plus grand plaisir ; et quand je leur ai dit qu'elle pourrait bien paraître encore un mois ou deux au-dessus de notre village, ils m'ont répondu unanimement qu'ils *ne demandaient pas mieux* ; et à ce propos, vous remarquerez s'il vous plait, en passant, les progrès infinis que la raison a faits tout-à-coup dans mon canton.

Vous pouvez déjà, Monsieur, vous faire une idée approximative de mes jouissances, qui sont telles qu'elles pourraient bien m'être enviées par vos plus beaux génies de la capitale, dont on ne fait pas toujours, sans doute, tout le cas qu'ils méritent, et qui sont, en quelque sorte, éclaboussés les uns par les autres, dans le tourbillon où ils sont placés. Que si j'ajoute à cela que je suis le seul *particulier* qui ait, à six lieues à la ronde, un pigeonnier, un fusil à deux coups, un chien d'arrêt, une petite jument courte queue, une selle garnie de velours cramoisi ; que je suis le seul qui ait un petit jardin dont j'ai fait mettre dernièrement les allées tout en zig-zag, comme en Angleterre ; que j'ai, dans ce jardin, une montagne de six pieds de haut, un joli tombeau sur lequel j'ai fait graver plusieurs plaisanteries de mon invention; un temple peint à fresque; Vertume et Pomone en pierre de taille, et Vénus en terre cuite; que je suis le seul qui cultive l'hortensia, la pomme d'amour, le laurier-rose et les plantes grasses : alors, vous ne douterez plus de mon extrême bonheur, et vous ne penserez pas qu'un bourgeois de Paris puisse jamais me le disputer quel que soit le quartier qu'il habite. Encore vous ai-je fait grâce des gentillesses de mes enfans, des agrémens de ma vertueuse compagne : si je vous citais la moitié de tout ce qu'elle dit de joli et d'aimable dans un quart-d'heure quand elle est en train, cela passerait singulièrement les bornes d'un feuilleton.

J'ai l'honneur de vous saluer,

Alexis FRANGET.

Paris, 9 novembre 1811.

MA femme vous sait d'autant plus de gré, Monsieur, d'avoir signalé avec indignation la conduite peu décente de quelques habitués des petits spectacles; qu'elle s'est trouvée, il y a quelques jours, dans la situation où vous supposez une mère de famille obligée de quitter sa loge pour éviter de jeter les yeux sur ceux qui la composent. Maintenant j'ai à vous porter une plainte qui intéresse moins essentiellement les bonnes mœurs, mais dont l'objet suppose également cet oubli des convenances et des égards mutuels qu'on se doit dans les réunions publiques. L'orchestre, dans nos grands théâtres, était, il y a vingt ans, la place des vrais amateurs, de ceux qui veulent tout voir, tout entendre, et qui connaissent à cet égard les inconvéniens des loges. Je ne sais comment il s'est fait que les places si chères et si recherchées, ont été tout-à-coup, à tous les spectacles, livrées à la foule des billets gratis et des entrées de droit ou de faveur. Je tiens à mes anciennes habitudes; j'aurais continué à braver l'inconvénient d'être entouré de toutes les femmes-de-chambre des actrices, de tous les créanciers des auteurs et des acteurs; mais je l'avouerai, à cinquante ans passés je n'ai plus ni la force, ni le courage dont on a besoin aujourd'hui pour occuper, sans humiliation, une place à l'orchestre, à côté de certains personnages qui viennent, depuis quelque tems, y faire preuve et parade de valeur. Ces Messieurs, employés dans les vivres ou dans les fourrages de l'armée, et qu'à l'énormité de leur feutre on pourrait prendre pour des militaires, affectent de troubler la représentation en riant aux éclats, en parlant assez haut pour imposer à leurs voisins le supplice de les entendre; et si par hasard un de ceux-ci témoigne, par le plus léger mouvement des lèvres, le désir de s'y soustraire, un regard terrible de l'orateur, qu'accompagne toujours certaine épithète de *pékin*, fait rentrer à l'instant le bourgeois dans le devoir. Comme rien n'est en général plus opposé à l'esprit français, aux exemples de décence et de politesse qu'ont donnés en tout tems les militaires de notre nation, que ces manières insultantes et ridicules, c'est en faire justice que les faire connaître.

J'ai l'honneur d'être, etc.

F. de M.

N° XIX. — 23 *novembre* 1811.

GALERIE D'ORIGINAUX.

—

> — *Locus est et plenibus umbris.*
> HOR. Ép. Ire.
>
> Le cadre est vaste, on peut ajouter des portraits.
> J.

MONTAIGNE recommande aux vieillards de *sortir de la vie à reculons*; j'use de ce précepte, je reviens volontiers sur mes souvenirs; je m'occupe beaucoup du présent, et je ne pense jamais qu'à l'avenir des autres. Il y a quelques jours, qu'assis près de mon feu, je m'amusais à regarder deux anciennes gravures de 1778, dont l'une représente *une Promenade au Palais-Royal*, et l'autre *une Soirée de Boulevard* : au nombre de certains originaux qui se faisaient remarquer à cette époque dans tous les lieux publics, j'eus la bonne-foi de me reconnaître dans un petit groupe de jeunes gens passablement ridicules. L'intention maligne du peintre était pour moi d'autant plus facile à saisir, qu'il n'y avait alors en France que M. de Conflans et moi qui portassions nos cheveux coupés et sans poudre, comme on les porte aujourd'hui : cette petite découverte me fit un plaisir extrême, et me remit en mémoire une foule de circonstances et de personnages qui auraient fort bien pu ne s'y jamais présenter. Les figures principales de ces anciennes caricatures avaient été touchées avec tant d'esprit par Dubucourt, que je retrouvais, sans difficulté, les noms de tous ceux qu'il avait mis en scène. J'étais gravement occupé à les écrire en marge des gravures, pour l'instruction de la postérité, lorsqu'à mon grand étonnement je vis entrer chez moi le baron de Kunpipen, avec lequel j'ai servi dans la guerre d'Amérique, et que des intérêts de famille rappellent à Paris après une absence de vingt-sept ans. Nous avions été liés très-intimement, nous nous étions connus *jeunes et superbes*; aussi notre premier mouvement a-t-il été d'éclater de rire en nous retrouvant dans l'état où le tems nous a mis : après ce petit accès de gaîté philosophique, nous voilà causant de nos anciennes habitudes et de nos vieilles connaissances ; je lui montre mes deux gravures. « C'est bien cela, me dit-il, je les reconnais tous. Voilà bien cet ennuyeux marquis de Fénille, qui s'était rendu si célèbre dans l'art de découper à table, et qui faisait à merveille les honneurs des soupers où on ne l'invitait pas ! Et ce gros abbé de La Baume, qui trouvait que l'invention des cartes à jouer était le dernier et le plus noble effort de l'esprit humain ! Et notre Polonais Borosky, toujours à la veille de son départ, et pendant vingt ans prenant congé pour ne partir jamais ! Et le joli petit vicomte de Leicueil, qui ne montait jamais à cheval sans avoir mis du rouge, dont le cocher portait, en toute saison, un bouquet énorme !.... On ne voit plus rien de semblable à Paris ; toutes les figures, tous les costumes, tous les caractères y semblent jetés dans le même moule. — Mon cher baron, vous jugez, sur un premier coup-d'œil, où vous ne connaissez pas encore les bons endroits ; passez avec moi la journée, et je me charge de vous montrer des originaux qui ne le cèdent point à ceux aux dépens de qui nous nous sommes tant égayés dans notre jeunesse, et au nombre desquels on nous a rangés quelquefois. » Il accepte, je m'habille, et nous allons déjeûner chez Tortoni : c'était l'heure où les principaux habitués s'y rassemblent. L'un d'eux, appuyé sur le comptoir, causait avec une assez jolie petite brune qui remplace ordinairement la maîtresse de la maison. La bonne mine de ce jeune homme, une sorte d'*étrangeté* dans ses manières, de bizarrerie dans sa toilette, attiraient l'attention du baron, qui le prit pour le fils de quelque riche banquier. « On ne peut pas se méprendre plus complettement (lui dis-je en entrant dans le petit salon à droite, où l'on nous servit, à l'allemande, du thé et des *muffins*), cet homme est un étranger qui vit à Paris depuis douze ans, et dont les revenus sont fondés sur l'amour de la patrie. Il s'est fait un devoir d'être toujours du pays ou de la famille de celui qui a quelques louis à lui prêter. Lord M...., lui a fait, l'année dernière, l'avance de cent guinées sur l'héritage de sa mère qu'il dit être Anglaise : d'origine hongroise par son père, il s'est trouvé le compatriote d'un riche banquier de Presbourg, qui n'a pu, en cette qualité, se dispenser de lui escompter une lettre-de-change de deux milliers de florins; un de ses frères lui a valu cent ducats d'un armateur d'Amsterdam, et il a été reçu pendant six mois chez le comte de...., colonel russe, à la faveur d'un oncle mort au service de Paul Ier. Le voilà qui lit un journal à la table voisine; si vous êtes curieux de savoir par vous-même à quoi vous en tenir, élevez la voix, dites que vous êtes de Munich, vous verrez s'il n'a pas quelque cousin Bavarois, au moyen duquel vous vous trouverez, dans un moment, en relation de famille.

Remarquez-vous auprès de la fenêtre deux hommes d'un certain âge, dont l'un parle sans cesse, sans que jamais l'autre lui réponde? La manie du premier est de faire croire, à tous ceux qui perdent leur tems à l'écouter, qu'il a visité toutes les capitales de l'Europe, qu'il connaît mieux que personne les usages de Vienne, de Londres, de Madrid; le fait est pourtant que cet honnête homme n'a jamais fait d'autres voyages que ceux de Compiègne à Fontainebleau, pour le service du *Gobelet*, dont il était officier. A son air d'attention, vous jugez que l'autre l'écoute : il n'entend pas un mot de tout ce qu'on lui débite, tout occupé qu'il est du moyen qu'il emploiera pour faire savoir à tout Paris qu'il a été hier ou qu'il doit aller ce soir en petite loge à Feydeau avec une jeune beauté du jour. Adorateur suranné de cette classe de femmes qu'on est convenu poliment d'appeler galantes, on le trouve à point nommé dans tous les endroits où elles se rassemblent, à toutes les fêtes qu'elles donnent; il fatigue deux chevaux de cabriolet dans une matinée pour faire leurs commissions, dont il a pris note la veille ; le tout sans autre intérêt, sans autre espoir que de faire envie à quelques jeunes gens qui ne savent pas toute la place que tient la vanité dans le bonheur d'un sot.

En sortant de chez Tortoni, nous avons été faire un tour au Palais-Royal, où j'ai fait voir à mon Bavarois le patriarche de l'ancien Opéra-Comique, avec son gros ventre en pointe, ses larges bottes, sa perruque sur l'oreille et son chapeau sur les yeux; il fredonnait en chevrotant un vieux refrain de vaudeville, saluant à droite et à gauche quelques étourdis qui le suivaient en battant des mains.

Nous étions à deux pas du café de la Régence ; entr'autres *caractères* j'ai fait prendre note au baron d'un ancien habitué qui, dans l'espace de trente ans, n'a manqué que cinq fois de venir, à trois heures, lire les Petites-Affiches, faire deux parties d'échecs, parler de son ami Fragonard, et citer comme des chefs-d'œuvre quelques mauvais tableaux d'église qu'il a barbouillés dans sa jeunesse.

Après avoir dîné chez Beauvilliers, où nous n'avons pas trouvé ceux que nous comptions y voir, nous sommes entrés à l'Opéra. Assis dans le foyer avant le lever du rideau, tout-à-coup M. de K.. se lève et court embrasser un vieillard qui se promenait les mains derrière le dos, en capote de taffetas ouatée, et que l'on prendrait, à sa tournure grave, à son air réfléchi, pour un magistrat parlementaire, ou du moins pour l'ancien bâtonnier de l'ordre des Avocats.

« Pour cette fois, j'en ai rencontré un des nôtres, me dit le baron en revenant près de moi ; et je puis, à mon tour, vous donner des renseignemens. — Vous savez donc

Quel est son rang, sa patrie et ses dieux ?

— Non ; mais je sais, comme tout le monde, qu'il se nomme Saint-Fernance ; qu'il est le Nestor de la galanterie ; qu'il possède à fond la chronique édifiante de l'Opéra ; qu'il ne sort pas une jeune fille du *magasin* dont il ne connaisse les moyens de succès ; qu'il sait, à un louis près, l'état de ses ressources et de ses dépenses, et que depuis Mlle Camargo, dont il a vu la retraite, jusqu'à Mlle A..., dont il a dernièrement dirigé les débuts, il est homme à vous citer par leurs noms, surnoms et qualités, toutes les danseuses qui ont paru sur le théâtre de l'Opéra depuis l'année 1761.

— Vous pouvez ajouter qu'il est connu de toute la terre, qu'il s'est montré dans toutes les coulisses de l'Europe, et qu'on l'a surnommé *la Providence des Amours*. Mais puisque nous en sommes sur le chapitre des originaux à la suite des théâtres, et que nous avons l'espoir de revoir une autre fois *la Caravane*, allons faire un tour à Feydeau ; voici le signalement de celui que je veux vous y faire voir ; frisure à l'oiseau royal, chapeau à l'écuyère, habit bleu céleste, avec garniture de boutons d'histoire naturelle, deux grandes chaînes de montre, pendantes à trois pouces du genou, cravate de couleur, lorgnette en main et solitaire au doigt... » Nous entrons à l'orchestre ; notre homme était à son poste, lorgnant dans toutes les loges, non pour y reconnaître des femmes qu'il ne connaît pas, mais pour faire remarquer et briller son diamant, qu'il fait jouer avec une grâce infinie. C'est peu de voir cet amusant personnage, il faut l'entendre, pendant la représentation, faisant, tout haut, sur la pièce et sur les acteurs, des observations qu'il s'adresse à lui-même. Il était en train ; ce jour-là sa toilette était plus soignée qu'à l'ordinaire, et il lui échappa des mots d'une malice si innocente, des ingénuités si comiques, que mon ami fut ravi d'apprendre que nous pouvions jouir de sa société jusqu'à minuit, en le suivant au café des Variétés, où il ne manque jamais de se rendre, en sortant de l'Opéra-Comique, pour lire les journaux une loupe à la main.

En me ramenant chez moi, le baron (à qui je n'ai encore fait voir qu'une très-petite partie de nos richesses *originales*) s'est vu forcé de convenir qu'on trouve encore à Paris de ces *caractères* qui sortent de l'ordre commun, trop souvent aux dépens du bon-sens et du bon goût, mais presque toujours au profit du plaisir.

OBSERVATIONS DÉTACHÉES.

L'ALLURE des habitans d'une grande ville peut, jusqu'à un certain point, donner une idée de leurs mœurs. En examinant la démarche des Parisiens, dans les rues, dans les promenades, il est aisé de reconnaître un peuple plus actif qu'occupé, plus curieux qu'instruit, plus avide de voir que d'entendre, plus pressé de juger que de réfléchir. On a qualifié du nom de *badauderie* cette manière d'être des Parisiens, aussi ancienne que leur histoire, s'il est vrai, comme le dit Saintfoix, que l'empereur Julien leur en ait fait le reproche. Malheur à celui qu'une affaire pressante oblige de suivre le boulevart, à la chute du jour ! Sa marche, à chaque pas, est arrêtée par des groupes de bourgeois ébahis, les uns, devant un enfant qui fait la *roue de Saint-Bernard* entre deux bouts de chandelle ; ceux-ci autour d'un marchand d'eau de Cologne à treize sous le rouleau ; ceux-là près d'un orgue de Barbarie qui joue faux l'air de Cendrillon ; d'autres autour d'une tireuse de cartes qui, pour deux sous, promet à tout venant de l'amour, du bonheur et des richesses ; d'autres enfin auprès d'une jeune fille, dont la tête est modestement enveloppée d'un voile sale, et qui chante en s'accompagnant d'une aigre guitare : *Bocage que l'aurore*, etc., ou *Mon cœur soupire*. Examinez avec attention les gens dont se composent ces différens groupes ; avec un peu de tact, vous démêlerez facilement, au milieu d'une centaine de désœuvrés qui s'amusent à varier leur ennui, trois ou quatre filous qui épient l'occasion de savoir l'heure qu'il est à la montre d'autrui, tandis qu'une vingtaine de passans affairés s'approchent en pestant contre les badauds, et finissent par en augmenter le nombre.

— Si les spectacles sont, comme le dit Rousseau, un objet de première nécessité pour une grande ville, Paris, dans ce genre, peut se vanter d'avoir du superflu. Mais n'est-il pas un terme où devrait s'arrêter la curiosité publique, et ne pourrait-on pas la sevrer de quelques-uns des alimens qui lui sont trop communément offerts? Quel avantage, quel plaisir trouve-t-on à la vue de ces dégoûtantes monstruosités, dont l'annonce seule soulève le cœur? Nous le demandons à ceux qui ont visité cette espèce de bouge, à l'extrémité du Carousel, où pour quelques centimes on met sous vos yeux une de ces productions monstrueuses, dont l'aspect inopiné ferait reculer d'horreur. On conçoit que le peuple, que les enfans s'amusent des tours de souplesse d'un singe, de l'intelligente docilité d'un chien, du langage burlesque de polichinelle, des lazzis même de paillasse; mais que l'on compte au nombre des plaisirs le spectacle d'un enfant à deux têtes, à quatre bras; que des parens fondent leur moyen d'existence sur cet objet de honte et de pitié; ce genre de cynisme est un véritable outrage à l'humanité, à la décence et aux bonnes mœurs.

N° XX. — 30 *novembre* 1811.

MŒURS DE L'ANTICHAMBRE.

Quid domini faciant, audent cùm talia fures?
VIR. Égl. 3.

Que feront les maîtres si les valets se conduisent ainsi?

J'AI lu bien des traités d'éducation à l'usage de tous les âges, de toutes les classes, de toutes les professions; je n'en connais pas à l'usage des domestiques; les défenseurs de l'ignorance conviendront qu'ils n'en sont pas mieux élevés pour cela. Il est à remarquer que de tous les dictons, de toutes les façons de parler proverbiales auxquelles ont donné lieu les mœurs et les habitudes de ces gens-là, il n'en est pas une seule qui soit à leur avantage; on dit : *insolent, bas, menteur, fainéant comme un laquais, ivrogne comme un cocher, brutal comme un suisse* (de porte), et cent autres comparaisons toutes aussi justes et toutes aussi peu obligeantes. Les auteurs comiques, anciens et modernes, semblent s'être donné le mot pour introduire sur la scène une espèce de valets de convention qui n'a point, et problablement n'a jamais eu de modèles dans les antichambres. Tous les valets de Molière et de Régnard sont de petits prodiges d'esprit, d'intrigue et d'invention; ceux de Destouches et de la Chaussée sont, pour la plupart, d'un désintéressement, d'une fidélité, d'une délicatesse à toute épreuve : rien de tout cela n'est vrai. Peut-être à force d'en changer, un jeune homme parviendra-t-il à se procurer un *Frontin*, un *Labranche* assez habile pour éconduire un créancier et remettre adroitement un billet ; peut-être n'est-il pas sans exemple que l'on ait trouvé un domestique fidèle dévoué, reconnaissant; mais ce sont là des variétés très-rares et non des produits naturels de l'espèce. Quoi qu'il en soit, ce n'est ni de leurs vices ni de leurs qualités que je m'occupe aujourd'hui, mais seulement de leurs défauts. Je ne les examine pas dans leurs rapports immédiats avec leurs maîtres, mais dans l'exercice de leurs devoirs et dans la manière dont ils les remplissent.

Disons d'abord un mot de la circonstance qui m'a donné l'idée de cet article.

Un de mes concitoyens et de mes plus anciens amis, est aujourd'hui un homme très-puissant ; tous les genres de mérites l'appelaient à la place éminente qu'il occupe, et dans laquelle il a le bonheur inconcevable de n'avoir ni rivaux ni envieux. Il est devenu riche et puissant, je suis resté pauvre et obscur ; c'était à lui de me venir trouver ; il ne l'a point fait, ses occupations l'en ont empêché ; nous avons été près de cinq ans sans nous voir. Il y a quelque jours que j'ai reçu de lui ce billet :

« J'ai passé chez vous, on a dû vous le dire :
» nous nous sommes perdus de vue bien long-
» tems ; vous savez mes raisons et je connais
» les vôtres ; j'ai été malheureux, et vous avez
» eu tort. Je vous attends demain à déjeûner
» pour vous en faire convenir ; nous serons
» seuls. »

Je n'étais pas homme à me faire prier deux fois, et tout occupé du plaisir que me promettait cette visite amicale, je m'acheminai vers l'hôtel de....., dans toute la simplicité de ma toilette ordinaire, dont je n'avais pas, comme on va voir, calculé tous les inconvéniens. Il y a loin de chez moi à l'extrémité du faubourg Saint-Honoré; je m'essuyais le front en entrant sous la porte-cochère, quand un grand coquin de coureur qui lutinait une femme-de-chambre, faillit à me renverser en voulant attrapper la demoiselle qui s'était, sans façon, réfugiée derrière moi. Au lieu des excuses auxquelles je m'attendais, mon drôle, après m'avoir toisé du haut en bas, fait voler sa grosse canne en l'air et part en éclatant de rire, sans attendre la correction que je lui destinais. Je m'étais avancé jusques dans la cour en cherchant des yeux la loge du suisse; un palefrenier, qui lavait une voiture, m'éclaboussa; je me fâchai, et pour toute réponse aux reproches que je lui faisais sur sa maladresse, il me cria d'une voix de Stentor : *Parlez au concierge.* Celui-ci ouvrit une grande porte de glace qui donnait sur le péristyle, et du ton le plus arrogant, me demanda pourquoi j'entrais sans parler à personne : je me contraignis pour lui répondre froidement qu'il n'y avait aucune inscription qui indiquât la loge du portier. « C'est qu'il n'y a point de *loge* et point de *portier* ici, mais *un logement de concierge*, entendez-vous? — Concierge soit (quoique cettte désignation ne vous convienne pas); mais encore faut-il savoir où le prendre, ce concierge; à quoi le reconnaître? et vous conviendrez qu'avec votre bonnet de velours noir et votre robe de chambre à ramage, vous ressemblez plutôt..... — Finissons ; que demandez-vous? — Votre maître. — Son excellence? — Oui, son Excellence le comte de..... mon ami, avec qui je viens déjeûner, et à qui je dirai deux mots de l'insolence de ses gens. — Monsieur pardonnera; c'est que..... — J'entends, c'est que mon parapluie vous prouve que je ne suis pas venu en voiture; mais où serait l'inconvénient d'être honnête, même avec les gens à pied? » En disant cela, je monte le grand escalier, et me voilà dans la première antichambre, au milieu de cinq ou six laquais, dont l'un s'occupait à brosser un habit, un autre à se faire coiffer, ceux-là à nettoyer des quinquets, et ceux-ci à jouer au piquet sur le poêle. Aucun d'eux ne se dérangea. « Monsieur veut-il fermer sa porte, me dit un des joueurs? — Non, je veux que vous veniez m'ouvrir l'autre. — Qui demandez-vous ?..... *Trois as !* — M. le comte. — Il n'est pas visible.... *Quinte à la dame !* — J'ai rendez-vous avec lui. — *Cela ne vaut pas.* Est-ce un rendez-vous par lettre ? — Ce n'est pas votre affaire, faites-moi parler à un valet-de-chambre. »

J'entrai dans la seconde pièce, où je fus reçu tout aussi cavalièrement par les valets-de-chambre, qui lisaient les Gazettes; comme ils continuaient en ma présence, j'arrachai le journal de la main du lecteur, en lui ordonnant de m'annoncer. Un peu surpris de mon ton et de mon impatience : « Son Excellence, me dit-il, ne reçoit personne avant deux heures. — Personne ? — Non, Monsieur, personne, excepté un de ses amis qu'il attend à déjeûner. — Et si c'était moi ! — Vous, Monsieur (et toujours un coup-d'œil sur mon parapluie) ? — Moi-même..... Allez, et annoncez M. de Tr.... » Aussitôt il me devance en me saluant profondément; l'un de ses camarades, après avoir pris, avec beaucoup de respect, ma redingote et le parapluie malencontreux, s'empresse de lever la portière de velours par laquelle on m'introduit dans le cabinet du comte, tandis que le troisième me suit, une grosse bûche sous le bras (conformément à l'ancien usage qui veut que l'on mette, à chaque visite notable, une bûche de plus au feu). Le maître de la maison m'accueillit de la manière la plus affectueuse ; je l'embrassai de bien bon cœur, et puis nous en vînmes au chapitre des reproches, qu'il termina en me disant qu'il fallait savoir aimer ses amis jusque dans leur fortune; précepte bien facile à mettre en pratique, si tous les hommes *frappés* de prospérité la supportaient aussi bien que mon illustre concitoyen. Il n'entre ni dans mon sujet ni dans mon intention d'aborder aujourd'hui cette question délicate ; je reviens à l'accueil qu'on me faisait au salon, et qui n'avait pas entièrement dissipé l'humeur qu'on m'avait donnée dans l'antichambre. J'en dis deux mots au comte ; il prit la chose beaucoup trop sérieusement, et voulut renvoyer tous ceux de ses gens dont j'avais eu à me plaindre : je parvins cependant à l'apaiser, en lui faisant observer que faire un crime à des domestiques de manquer d'égards et de bienveillance envers l'homme qui ne se recommande ni par son extérieur ni par son titre, c'était se montrer plus exigeant avec les valets qu'on ne l'est communément avec les maîtres et je finis par demander grâce pour leur insolence en faveur du *bon ton*.

Après avoir ri du bon ton des laquais, nous sommes pourtant tombés d'accord que l'antichambre avait aussi ses règles et son étiquette, et qu'on ne les retrouvait plus, à Paris même, que dans un petit nombre de maisons. Je citais entr'autres inconvenances dont j'étais chaque jour témoin, l'habitude qu'on laissait prendre aux laquais, en livrée, d'entrer dans les salons, dont le service doit être fait par les seuls valets-de-chambre; de monter en grande tenue derrière la voiture, sans bourse, et quelquefois même en bottes; de ne point se lever, dans les antichambres, lorsque les personnes du salon y entrent ou les traversent; de faire annoncer que l'*on est servi* (dans plusieurs grandes maisons) en s'adressant au maître, et non comme cela doit être, à la maîtresse du logis; et mille autres irrégularités, plus ou moins choquantes, auxquelles j'ai beaucoup de peine à me faire, sans que, pour cela, je veuille en conclure avec M. A.... de M...., que nous soyons à la veille de retomber dans la barbarie!

En quittant l'hôtel de...... j'eus à me plaindre, de la part des gens, d'un excès d'attention qui ne m'est guères moins insupportable que le défaut contraire. Toute la maison était sur pied : deux valets-de-chambre m'aidèrent à passer ma redingotte ; les laquais me reconduisirent jusqu'au bas de l'escalier, en ouvrant devant moi toutes les portes : les ordres avaient été donnés, la voiture m'attendait sous le péristyle; le coureur m'ouvrit la portière; le suisse, en bandoulière et le chapeau bordé à la main, se confondait en salutations ; et moi, je me disais, comme Juvénal, en examinant tous ces gens-là :

Maxima quæque domus servis est plana superbis.

OBSERVATIONS DÉTACHÉES.

Nos dames, après avoir emprunté aux reines Médicis une partie de leur ajustement, se livrent aujourd'hui à quelques-unes de leurs habitudes. On sait que la mère de Charles IX avait fait venir à sa cour un fameux astronome dont les avis et les prédictions n'ont peut-être pas médiocrement influé sur la conduite de cette reine superstitieuse. Cet usage s'introduisit à la cour de Henri IV, et Marie de Médicis se faisait tirer les cartes au moins une fois par mois, par l'intrigante et malheureuse Galigaï. De nos jours, Fabre d'Eglantine a cru faire justice sur la scène de ce misérable ridicule, et n'a fait que le mettre à la mode. Il existe à Paris une moderne Sibylle dont la réputation et les moyens d'existence sont uniquement fondés sur la crédulité puérile des femmes de la meilleure société, et sur la curiosité de quelques personnes qui veulent, ainsi que nous, connaître au juste ce qu'il faut de sottise et d'impudence pour établir un pareil impôt dans une grande ville, au commencement du dix-neuvième siècle. Ce n'est ni dans la forêt de Dodone, ni sous les voûtes mystérieuses d'un temple qu'habite la Pythonisse : c'est au milieu de Paris, dans la rue de Tournon, à l'enseigne énigmatique du *Bureau de Correspondance générale*. Le lecteur va s'effrayer, et croire sans doute que cette correspondance s'entretient avec Satan, Moloch, Asmodée ou Belphégor :

qu'il se rassure ; la sorcière parisienne ne correspond qu'avec les dames, avec les hommes qui poussent la galanterie jusqu'à imiter leur faiblesse ; mais sur-tout avec les cochers, les laquais, et les femmes-de-chambre. Il n'est pas aussi aisé qu'on pourrait le croire d'être admis en sa présence : d'abord vingt équipages plus brillans les uns que les autres, obstruent les avenues du temple ; et puis il faut savoir à qui l'on parle, et toute magicienne que l'on est, il est plus sûr d'avoir quelques heures devant soi pour se reconnaître. Ce n'est donc, pour l'ordinaire, qu'à votre seconde visite que vous obtenez les honneurs de la séance. Un laquais vous introduit dans un salon richement décoré, et à l'heure précise du rendez-vous l'enchanteresse paraît, et le charme commence. Quel moment ! le passé, le présent, l'avenir vont être mis à-la-fois sous vos yeux, au moyen d'un simple jeu de cartes, et voilà comme les plus grands effets naissent pour l'ordinaire des plus petites causes. Il est vrai de dire cependant que ces cartes sont beaucoup plus grandes que les autres, et tarotées en forme d'hiéroglyphes. La magicienne les mêle, en se recueillant d'une manière très-édifiante, et les assemble selon les savantes combinaisons de l'*Etteilla :* puis après, vous apprenez, quand les agens secrets ont bien fait leur métier, que vous êtes jeune ou vieux, marié ou garçon; que vous avez eu une jeunesse orageuse, etc; mais à tout prendre, comme le passé n'importe guères, on glisse là-dessus assez légèrement. Pour l'avenir, c'est autre chose ; on ne vous cache rien, sur-tout quand vous demandez le *grand jeu* qui coûte un louis. Nous nous étions contentés du petit ; et que voulez-vous savoir pour six francs ? Aussi avons-nous appris *que nous ne tarderions pas à nous marier, que nous aurions des enfans, que nous pourrions bien ne pas les élever tous, que nous éprouverions des pertes cruelles, mais que nous ferions une fortune immense.* Lorsque nous avons fait observer à la dame que ses prophéties, à la dernière près, étoient toutes réalisées depuis plus de dix ans, elle s'est rejetée sur les erreurs du petit jeu, qui n'étoit pas fort sur l'avenir. Nous n'avons pourtant pas jugé à propos d'en apprendre pour le moment davantage, et après avoir médité sur cette prédiction et sur la formule favorite de la prophétesse, *vous entendez bien, vous concevez bien*, nous sommes sortis convaincus, comme Aly, que

>Les esprits dont on nous fait peur
>Sont les meilleures gens du monde.

N° XXI. — 5 *décembre* 1811.

CORRESPONDANCE.

—

Monsieur l'Hermite, votre numéro du *Jour des Morts*, où vous parlez des cimetières de Paris, est parvenu jusqu'à moi : il m'a si vivement touché, que j'ai été tenté de le lire en chaire ; mais j'ai été retenu par la crainte de n'être pas entendu de nos bons et simples villageois. Vous avez dit, dans cet article : *Le respect pour les morts est en raison inverse de la civilisation.* Quoique cette idée soit, en général, aussi vraie qu'elle est affligeante, je n'aurais jamais pu la faire comprendre à mon auditoire. Je me félicite de vivre dans un pays éloigné, où de pareilles vérités sont inconnues, et passent encore pour des paradoxes. Permettez-moi, cependant, de vous adresser quelques observations qui puissent adoucir ce que votre réflexion a de trop amer : vous paraissez bon et généreux ; vous n'ignorez pas que lorsqu'on dit aux hommes une vérité dure, il faut l'accompagner de quelque chose de consolant.

Il n'est que trop vrai que plus on a perfectionné les commodités de la vie, plus les images de la mort doivent être importunes : dans les grandes villes, où la civilisation est portée à son comble, la triste enceinte qui renferme les morts est un lieu désert et ignoré ; les murailles qui l'entourent sont plus formidables que ce fleuve dont parle la Mythologie des anciens, et qui se repliait sept fois autour du Tartare. Chez les peuples qui sont encore dans l'enfance des sociétés, chaque tombeau est comme un autel qui inspire le respect et rappelle de touchans souvenirs ; chez les peuples policés, un cercueil n'est qu'un objet hideux dont tout le monde détourne ses regards. D'après tout cela, M. l'Hermite, je ne sais pas s'il est plus heureux de vivre chez une nation civilisée ; mais je sais bien qu'il vaut mieux être enterré chez les sauvages.

Cependant, il faut tout dire : lorsque la société abandonne l'homme qui a rendu les derniers soupirs, la Religion pleure encore sur sa tombe; la Religion, qui avait pris ses habits de fête lorsqu'il vint à la vie, se revêt de ses habits de deuil lorsqu'il n'est plus. Cette idée est consolante, et doit toucher les cœurs les plus indifférens : tandis que le monde oublie jusqu'à ses bienfaiteurs, la Religion pleure sur la mort de ses ennemis. Combien de philosophes ont passé leur vie à déclamer contre la Religion ! le monde les oubliera; ils mourront dans le souvenir de leurs amis et de leurs proches. Quand la Renommée cessera de parler d'eux, quand l'Amitié restera silencieuse, la Religion fera entendre ses cantiques funèbres, et les accompagnera jusqu'à leur dernière demeure : la Religion seule se souviendra qu'ils ont passé sur la terre; leur tombe ne sera connue que d'elle seule. J'avoue, M. l'Hermite, que cette idée me touche et me console; lors même que la Religion n'aurait que cet avantage, je pense qu'il devrait suffire pour commander notre croyance. Toutes les fois qu'une société abandonne une vertu ou une sage maxime, la Religion s'en empare et les conserve comme un dépôt sacré ; elle est toujours là, pour corrige les excès de la barbarie et les abus de la civilisation.

Si j'osais, M. l'Hermite, je vous ferais la description du cimetière de ma paroisse, pour l'opposer au tableau que vous faites des cimetières de Paris. Il est placé au bas d'une colline et sur le bord de la grande route ; une haie vive qui s'élève autour de son enceinte, ne l'empêche pas d'être aperçu des voyageurs ; un gazon toujours vert recouvre la plupart des cercueils ; la terre fraîchement remuée, marque la place des tombes nouvelles. Sur chacune de ces tombes on aperçoit une croix de bois, monument simple et champêtre, auquel l'Amitié en deuil suspend quelques guirlandes de fleurs des champs dans la belle saison.

Vous n'y trouveriez pas d'épitaphes comme dans les cimetières des villes (car les épitaphes annoncent déjà la civilisation), encore moins ces figures de marbre qui parent le deuil des tombeaux, et que les hommes des grandes cités semblent avoir chargées de pleurer pour eux. On ne voit dans tout le cimetière qu'une seule inscription : ce sont les paroles de Dieu lui-même qui console un père qui laissait, en mourant, son épouse et ses fils dans l'indigence. *Laisse-moi tes enfans, je prendrai soin de leurs jours ; et que la veuve place en moi sa confiance.* Ces paroles, tirées de Jérémie, et prononcées par le défunt à sa dernière heure, ont été écrites en gros caractères sur une planche de bois de hêtre ; elles seront bientôt effacées, mais tout le village en gardera long-tems le souvenir.

Les habitans de ma paroisse ne sauraient oublier les morts, et ce souvenir ne leur est point pénible. Lorsque j'ai perdu quelques-uns de mes paroissiens, la cloche funèbre appelle tout le village à la prière ; les cantiques des morts retentissent dans les champs, et frappent les échos des bois et des collines : toute la nature semble prendre part au deuil d'une famille et s'attendrir avec ceux qui pleurent. Le cimetière entoure l'église, et chaque dimanche, lorsque mes paroissiens viennent à la messe, ils foulent la cendre des morts, et prient pour leurs amis et pour leurs proches qu'ils ont perdus. Quand les sages du canton se réunissent à la porte de l'église, sous un grand orme qu fut planté par l'ordre de Sully, et qui porte encore son nom, ils ne manquent pas d'invoquer la sagesse de leurs ancêtres, dont ils voient les tombeaux autour de leur assemblée. Il m'est arrivé quelquefois, en prêchant dans la chaire évangélique, d'évoquer les morts qui dorment dans l'enceinte sacrée : alors toutes les générations du hameau semblent se réveiller et se réunir devant moi pour rappeler l'exemple des mœurs antiques, et confirmer l'autorité de mes paroles.

Ce souvenir des morts n'est point accompagné d'images sinistres, et tourne au profit de la vertu; il empêche les hommes de redouter le trépas, et donne souvent au plus simple des villageois l'héroïque résignation de Socrate; il inspire d'ailleurs les sentimens d'un véritable patriotisme. Il n'est point de patrie chez un peuple qui n'a point d'aïeux, et pour qui les morts ne sont rien : dans tous les lieux où la vue d'un tombeau inspire des sentimens doux et pieux, je crois qu'on a plus de respect pour les lois, que les traditions sont plus religieusement conservées. Si les ancêtres du hameau revenaient à la vie, ils reconnaîtraient leurs mœurs, leurs coutumes et leur langage; rien n'est changé dans leurs familles depuis qu'ils ont cessé de vivre; c'est à vous, M. l'Hermite, à nous dire s'il en est de même dans les grandes villes.

Dor...,
Curé de..., départ. des Hautes-Alpes.

M. le curé de.... a cru devoir consoler le genre humain d'une vérité dure; nous craignons qu'il n'ait consolé personne; il est possible même qu'à Paris on trouve plus de poésie que de vérité dans la lettre qu'il nous adresse; pour toute réponse, nous lui promettons d'aller nous faire enterrer dans sa paroisse, s'il veut bien nous recevoir. Il nous reste à faire connaître la lettre d'un autre de nos correspondans retiré dans une province éloignée de la capitale.

Du château de...., 25 novembre.

Il est une grande ville dont les journaux de Paris ne parlent presque point, et j'en suis fâché; cette grande ville est Paris. Grâce à l'exemple que vous leur donnez, M. l'Hermite, ils en parleront davantage ; je vous en remercie au nom des gens de la province, car nous ne sommes plus au tems où Paris n'inspirait point de curiosité aux bons provinciaux ; où cette capitale, dans laquelle ils venaient fort rarement, leur paraissait comme une ville située au-delà des déserts : les choses ont bien changé ; j'ai entendu dire dans ma famille que mon grand-père était venu à Paris au commencement du siècle dernier : avant de partir pour ce grand voyage, il fit son testament; ma grand'mère l'embrassa les larmes aux yeux, et fit dire des messes pour son retour. Lorsqu'il revint, les cloches de la paroisse de.... sonnèrent en carillon, et tout le village alla en procession au-devant de lui, comme s'il fût revenu de la croisade contre les Sarasins.

Aujourd'hui, un pareil voyage a beaucoup perdu de ce qu'il avait autrefois d'extraordinaire et de merveilleux ; toutes les distances sont rapprochées, et nos villes de province semblent n'être plus que des faubourgs de Paris, tant les communications sont faciles et fréquentes. Tous nos gens du bel air se croient obligés de faire le voyage de Paris au moins une fois chaque année. Toutes nos jeunes filles, qui sont fort curieuses, brûlent de voir la capitale, et j'ai vu des contrats de mariage dans lesquels un mari signait l'engagement de montrer Paris à sa femme. Vous voyez donc, M. l'Hermite, combien il est important de parler de Paris dans les journaux de la capitale.

Dans nos provinces, on se moquerait de quelqu'un qui n'aurait point vu la Chaussée-d'Antin et le Palais-Royal ; qui n'aurait point dîné au moins une fois chez Véry, ou bien au Rocher de Cancale ; qui n'aurait point vu jouer Talma ou Mlle Duchesnois : un jeune homme ne passerait pas pour être bien élevé, s'il n'avait achevé son éducation à l'école de Brunet ; et celui qui n'aurait point vu l'*Enlèvement d'Hélène* par les chevaux de Franconi, serait regardé presque comme un sauvage. Nous avons, dans notre province, plusieurs jeunes gens qui partent pour Paris lorsqu'on annonce un début ou une pièce nouvelle. Un de nos voisins nous a quittés dernièrement pour voir la rentrée de Fleury, que les journaux avaient annoncée quelques jours d'avance. Vous voyez, M. l'Hermite, quel est l'esprit des provinces ; j'espère que vous viendrez à notre secours, et que vous ne nous laisserez rien ignorer de ce qu'il faut savoir pour être reçu dans la bonne compagnie. A. B.

Paris, le 15 novembre.

M. l'Hermite, j'ai reconnu les originaux de tous vos portraits, et j'espère bien faire un jour des commentaires à vos feuilletons comme on en a fait à La Bruyère. Il me semble voir toutes les figures que nous retrace votre véridique pinceau, et que vous avez rencontrées au café Tortoni, à l'Opéra, et dans le parterre de Feydeau; je ne puis assez vous remercier, pour mon compte, d'avoir ainsi introduit, dans les journaux, la peinture des mœurs et des ridicules. Jusqu'à présent, on épiait la sottise dans les livres; partout ailleurs, elle jouissait du droit de bourgeoisie; on n'osait la poursuivre ni dans les cafés, ni dans les salons, ni dans les coulisses. Vous vous êtes chargé de cette tâche, qui n'est pas sans difficultés et sans inconvéniens; je vous en félicite, et j'en félicite tous vos lecteurs; j'aime mieux voir analyser le cœur humain que de voir juger un mauvais livre ; les personnages bizarres ne sont pas tous dans les romans, ni sur la scène. La littérature, sans doute, a ses travers ; mais ce monde a des folies qui n'appartiennent ni aux vers, ni à la prose ; et pour rire d'une sottise, il ne faut pas toujours attendre qu'elle soit imprimée. Je laisserai volontiers en paix la prose de nos écrivains et tous les alexandrins du monde, pour rire avec vous des prétentions d'un fat, ou de la ridicule présomption d'un sot. Vous le dirai-je, d'ailleurs, M. l'Hermite ? rien n'annonce mieux que la société a repris son allure et son équilibre, que ces sortes de peintures ; elles sont comme ces figures de géométrie qui annonçaient à Robinson-Crusoé qu'il était venu des hommes dans son île. De même qu'on ne peut retracer le tableau d'un paysage au milieu d'un tremblement de terre, il est des nuances délicates dans les mœurs, qu'on ne peut saisir au milieu des révolutions : les ridicules ne se montrent point dans l'agitation et le trouble ; ils ne se laissent apercevoir qu'au moment où l'orage a tout-à-fait cessé de gronder sur l'horizon politique : je suis tenté de les comparer, permettez-moi cette image un peu singulière, à cet oiseau de bon augure qui revint dans l'Arche pour annoncer que le déluge était fini. Continuez donc à les peindre ; parlez-nous souvent de Paris, de ses mœurs, et faites revivre parmi nous cet ingénieux *Spectateur*, qui, comme vous, écrivit dans un tems où la paix succédait à de longs orages. O....

Paris, le 1er novembre.

Monsieur, vous vous êtes élevé, il y a quelques mois, avec autant de raison que de gaîté, contre cette folie endémique qui s'est tout-à-coup emparée du cerveau de nos dames, et a remis en crédit, chez le peuple le plus éclairé, dans la première ville du monde, les sorcières et les diseuses de bonne-aventure; mais votre joyeuse critique n'a eu d'autre succès que de discréditer la Pythonisse du faubourg Saint-Germain, sans désabuser sur son art nos belles et crédules concitoyennes. Cette maladie, comme toutes les autres, a ses paroxismes ; nous voilà dans la crise. Ce n'est plus seulement à l'avenir dévoilé par les cartes, que nos dames ajoutent foi, mais aux spectres, aux revenans, aux vampires, et sur-tout aux songes. Une femme, d'ailleurs de beaucoup d'esprit, achève en ce moment un livre, où elle *prouve* par des faits et des autorités incontestables, que les songes ne sont autre chose que le pressentiment de l'avenir, et que l'art de les expliquer est un art tout aussi positif que la médecine. Cette dame avoue cependant qu'il y a songes et songes, et qu'ils ne méritent pas tous une égale confiance. Son livre a pour épigraphe ces vers du sixième livre de l'*Enéide* :

Sunt geminæ Somni portæ, quarum altera fertur
Cornea, quâ veris facilis datur exitus umbris :
Altera, candenti perfecta nitens elephanto ;
Sed falsa ad cœlum mittunt insomnia manes.

« Il y a aux enfers deux portes appelées *les*
» *portes du sommeil* : l'une de *corne*, et c'est
» par-là que sortent les songes véritables ;
» l'autre d'*ivoire*, donne passage aux illusions
» trompeuses. »

Le mari de cette dame ayant rêvé qu'elle

était infidèle, lui demanda plaisamment par quelle porte était sorti son rêve.

Deux femmes qui se rencontrent le matin ne se demandent plus, comment vous portez-vous? mais qu'*avez-vous rêvé cette nuit?* Cette espèce de superstition a réveillé tous ces vieux préjugés ridicules dont le bon sens avait fait justice. Le sel qui tombe sur la table, le couteau et la fourchette en croix sur l'assiette, la treizième personne qui survient à dîner, font pâlir de nouveau plus d'une maîtresse de maison, et je connais une très-riche et très-belle dame qui ne se mettrait pas en route un vendredi, quand il s'agirait de sauver la vie à son époux. Je vous préviens des progrès du mal; c'est à vous d'y apporter le remède, et je n'en connais pas d'autre que le ridicule.

J'ai l'honneur d'être, etc.

J'achevais la lecture de cette lettre lorsqu'on m'en a remis une autre à peu près sur le même sujet.

Paris, le 18 novembre.

MONSIEUR, quoique né sur les rives du Tage, je suis presqu'aussi gai que si j'avais vu le jour sur les bords de la Seine, et je suis tout-à-fait de l'avis du philosophe Abdéritain, qui définit l'homme *un animal riant*. Cette disposition d'esprit si peu naturelle à mes compatriotes, m'a déterminé de bonne heure à quitter mon pays, et à venir me fixer chez un peuple dont quelqu'un a dit : « Le jour même de la fin du monde, les Français mettront cet événement en vaudeville, et danseront sur les ruines de la terre, aussi long-tems qu'il s'en trouvera un morceau assez grand pour y former une contredanse. » Il y a dix ans que je suis à Paris, et que je m'aperçois qu'on a fort exagéré, sinon la gaîté des Français en général, du moins celle des Parisiens. Cette observation n'est pas nouvelle pour vous, Monsieur, qui la faites remonter à Julien le philosophe (que d'aucuns s'obstinent à surnommer l'*apostat*); mais vous n'avez point assez dit que cette gravité, disons mieux, que cette mélancolie du caractère parisien faisait chaque jour des progrès remarquables, et qu'ils étaient sur-tout sensibles dans la classe la plus élevée : Vous n'avez point dit que la plupart des conversations ne roulaient aujourd'hui que sur les apparitions nocturnes, sur les revenans, ou tout au moins sur les voleurs ; que dans la société les grands succès n'étaient plus réservés à l'esprit, au talent, à la figure, à la naissance, mais à l'art de conter ce qu'on appelle des *histoires* (c'est-à-dire des contes), art qui se borne à raconter les choses les plus invraisemblables avec toute l'apparence de la conviction, en fermant d'avance la bouche aux gens incrédules, mais honnêtes, par cette préparation oratoire : Ce que je vais vous raconter, *je l'ai vu.* » On ne se borne plus à ces vieilles histoires qui se ressemblent toutes, et dont la transition banale est toujours : *C'est comme*, etc...... Maintenant c'est un événement de la veille, du jour, du moment même, que l'on débite, et que l'on fait circuler dans Paris avec la rapidité de la matière électrique : tantôt c'est un général dont six hommes enveloppés de manteaux noirs ont arrêté la voiture au milieu de la nuit, pour avoir le plaisir de se colleter avec ses gens; tantôt c'est une main invisible qui abat, toutes les nuits, sur le Pont-Neuf, la boutique d'une marchande d'oranges. Quand, par hasard, le fond de l'aventure est véritable, on y ajoute une foule de détails, de circonstances romanesques qui la dénaturent entièrement, et font révoquer en doute la vérité elle-même.

Ne pourriez-vous donc pas, Monsieur, quand l'occasion s'en trouvera, attaquer une manie destructive de toute conversation, et dont le plus grave inconvénient n'est peut-être pas de fausser le jugement et l'imagination de la jeunesse, si attentive à ces sortes de récits?

J'ai l'honneur d'être, etc.

N° XXII. — *7 décembre 1811.*

LA LOTERIE.

There should be no endeavour where there is no reasonable hope.
                                        ROSCOMMON.
Il ne devrait pas y avoir d'effort, là où il n'y a pas d'espérance raisonnable.

JE connais un habitué de la Comédie-Française et de tous les salons de Paris, qui déclare hautement, au risque de se compromettre par son audace, *qu'il trouve du talent à Racine*; en vain cherche-t-on à lui faire entendre poliment qu'une pareille assertion ne peut guère se passer de l'épithète de niaise, il prend pour une réfutation du fait tout ce qu'on lui dit sur la manière dont il l'énonce, et ne manque jamais d'en revenir, avec entêtement, à cette conclusion : *Vous aurez beau dire, mais ce Racine a du talent.* Dût-on m'affubler du même ridicule, je répète assez volontiers que c'est une charmante invention que la Mythologie :

>Que les Athéniens étaient un peuple aimable.
>Que leur esprit m'enchante, et que leurs fictions
>Me font aimer le vrai sous les traits de la Fable.

Je me souviens que dans ma première jeunesse, le livre que j'aimais le plus après *Robinson Cruzoé*, c'était celui de l'abbé Banier, où il expose, où il explique ces emblêmes ingénieux au moyen desquels les anciens donnaient, en quelque sorte, une ame à tous les êtres, un corps à toutes les pensées. Ces souvenirs de collèges me revenaient il y a quelques jours à l'imagination, en examinant un très-joli dessin de Gravelot, où la *Fortune* est représentée avec tout le charme des attributs que donnent à cette déesse les médailles d'Adrien, de Commode et d'Antonin. Il y a loin de ces charmantes allégories au plat rébus que présentent les jetons de la plupart de nos maisons de jeu, sur lesquels on voit pour emblème un *cygne*, et pour exergue : *Sit fortunæ signum !!* Quelle pitié ! On m'objectera peut-être que Messieurs les banquiers de jeu ne sont pas obligés d'avoir autant d'esprit et d'imagination qu'Homère, Hésiode ou Ovide; mais ils pourraient du moins avoir le bon sens de ce fermier-général qui achetait tout fait

L'Amour qu'il ne pouvait pas faire.

Il est plaisant que ces réflexions sur la fortune me soient venues dans l'esprit le jour où je devais être témoin d'un de ses plus bizarres caprices. Cette petite aventure particulière fait partie d'un tableau général; elle peut amuser mes lecteurs; je vais la leur conter, en les priant de n'en point chercher la morale dans le dénouement.

J'ai un domestique doué, entr'autres qualités, d'une exactitude si rigoureuse, qu'on pourrait, au besoin, s'en servir en mer comme d'un *garde-tems*, pour trouver les longitudes. Il a coutume d'entrer dans ma chambre à sept heures précises pour faire mon feu : mardi dernier il ne vint qu'à sept heures et demie ; j'en conclus qu'il lui était arrivé quelque chose d'extraordinaire; on va voir que je ne me trompais pas. Je demande la permission de prendre un moment la forme du dialogue pour rendre notre entretien dans toute sa naïveté. « Vous êtes en retard, Paul ; que vous est-il donc arrivé ? — C'est que je cherche depuis une demi-heure comment je m'y prendrai pour annoncer à Monsieur... — Quoi donc ? — Que je le quitte. — Et la raison ? — C'est que je vais me marier avec la fruitière notre voisine. — Mais vous n'avez rien ni l'un ni l'autre. — Pardonnez-moi, Monsieur, nous avons mis à la loterie. — C'est une chance de plus que *Jeannot*, qui croyait pouvoir y gagner sans y mettre ; mais ce n'est pas encore là ce qu'on appelle du bien au soleil. — Monsieur aurait bien raison si la voisine n'avait pas rêvé *de loups* et *d'eau bourbeuse*, après avoir mangé avec moi un civet de lièvre, circonstances qui indiquent, d'une manière infaillible, la sortie des n°s 3, 6 et 1, sur lesquels nous avons mis un terne sec de 6 fr. : ce terne, d'après le calcul du buraliste, doit nous produire 33,000 francs, dont la moitié forme la dot de ma femme, et l'autre mon patrimoine. Chacun de nous prend cinq ou six mille francs sur sa part pour acheter un petit fond de limonadier que nous avons en vue, et que Monsieur voudra bien achalander en disant un petit mot, dans son *Bulletin*, de mon talent pour faire les glaces. — J'interrompis mon homme pour lui réciter la fable *du Pot-au-Lait*; mais tout en se moquant des folles espérances de la laitière qui fonde sa fortune sur un si fragile appui, il ne concevait pas que j'élevasse un doute sur la sortie d'un terne annoncé non-seulement par le rêve de *loups* et *d'eau bourbeuse*, mais par la rencontre qu'il avait faite, en allant au bureau de loterie, d'un fiacre numéroté 613, où se trouvent les nombres 3, 6 et 1. Je voulus prouver à ce pauvre garçon qu'il était la dupe du préjugé le plus ricicule; je l'assurai que tous les médecins (excepté le docteur Pedro Rezi, médecin de l'île de Barataria, dont Sancho était gouverneur) lui déclareraient que la chair de lièvre n'a point de vertu prophétique; qu'il n'y avait rien de commun, du moins dans le sens où il l'entendait, entre les loups, l'eau bourbeuse et la loterie : je ne parvins pas même à lui faire comprendre qu'il était prudent de remettre après le tirage à s'occuper d'achats et de préparatifs qui supposaient le gain du terne sec. Sa confiance me parut si fermement établie, j'avais si peu de chose à répliquer pour l'instant à la réponse qu'il faisait à mes objections : « Monsieur verra si je ne gagne pas », que désespérant de le ramener à la raison, je voulus m'amuser, jusqu'au bout, de sa folie. C'était le lendemain jour du tirage de la loterie ; je me promis d'y assister. Pour donner à ma curiosité une occasion et non pas un intérêt de plus, j'entrai par la porte *honteuse*, dans un bureau de loterie de la rue du Faubourg Montmartre, à l'enseigne des *Cornes d'Abondance*; deux jeunes filles s'y occupaient à tresser, avec des faveurs roses, des guirlandes de feuilles de chêne : trois *clarinettes* et *la grosse caisse* de la section buvaient dans un coin, à compte sur le produit des fanfares, tandis qu'un gros garçon, d'un air capable, décorait, avec les guirlandes de ces demoiselles, le cadre du tableau qui devait renfermer les sommes gagnées et les numéros sortis. Après avoir pris et payé un billet *tout fait*, d'un petit écu, dont la *bonté* me fut garantie par une de ces jeunes filles qui me le choisit elle-même, je pris mon chemin vers la rue Neuve-des-Petits-Champs, en faisant la réflexion qu'il n'est point d'état qui n'ait son charlatanisme. La foule m'annonça que j'approchais du Temple de la Fortune. Un moraliste de mauvaise humeur n'aurait pas manqué de tirer un beau mouvement oratoire de la position de ce temple auprès d'un égout ; moi, je me souvins des beaux vers d'Horace sur la déesse d'Antium, et je marmotai dans mes dents :

O Diva, gratum quæ regis Antium,
Præsens vel imo tollere de gradu
Mortale corpus, vel superbos
Vertere funeribus triumphos.

Au bout d'une ruelle étroite, j'entrai dans une cour peu spacieuse, dont l'un des côtés présente un vaste fronton servant de couronnement à une grande porte dans le style antique. Le tympan du fronton renferme un encadrement destiné à faire paraître au-dehors les numéros sortis, à mesure qu'ils sont proclamés dans la salle : c'est devant cette porte qu'une foule de commissionnaires s'assemblent pour copier les listes qu'ils vont colporter dans toutes les rues de Paris, en attendant que les bureaux les fassent officiellement connaître. Parvenu dans la grande salle, avec beaucoup de peine, j'aperçus mon domestique à l'autre extrémité; mais il me fut impossible de me faire jour jusqu'à lui. Pour tirer parti de ma position, en attendant la cérémonie, je n'avais rien de mieux à faire, que d'écouter ce qui se disait autour de moi; toutes les conversations avaient pour objet le motif qui avait déterminé la mise de chacun de mes voisins. Celui que j'avais à ma droite était, à ce qu'il m'apprit lui-même, un honnête bonnetier de la rue aux Ours, qui mettait depuis deux ans à la loterie, avec l'intention d'en employer les bénéfices à l'établissement d'un magasin de nouveautés, dans la rue Vivienne. A ma gauche se trouvait une jeune et jolie ouvrière en linge, qui fondait, sur son gain, l'espoir d'ouvrir une boutique de modes sous les galeries de Bois, au Palais-Royal. A quelques pas de là, un grand homme sec, qu'à sa tournure seule j'aurais reconnu pour un joueur de profession, se plaignait d'avoir dérangé une *martingale* qui lui rapportait un louis par jour, pour suivre le 7, qui compte 118 tirages de *vieillesse*; il dissertait si vivement sur les *séries* et les *intermit-*

iences, qu'il me fut impossible de savoir pourquoi une grosse femme, qui se trouvait devant lui, était sur le point de se prendre aux cheveux avec une de ses voisines, lorsqu'un signal annonça le moment du tirage, et fit cesser le tumulte.

Deux domestiques en livrée ouvrirent une porte qui sert de clôture à une espèce de théâtre; c'est là que vinrent se placer les oracles du hasard. Un enfant vêtu en bleu, avec une ceinture rouge, les yeux bandés, et d'un aspect tout-à-fait mythologique, fut exhaussé sur une table, à côté d'une énorme roue de fortune, ornée de glaces entre ses rayons; il tira successivement les 90 numéros: dépliés l'un après l'autre, nommés à haute voix, montrés au public, et renfermés dans des étuis de carton de même forme et de même poids, on les fit rejeter, par un autre enfant, dans une roue semblable à la première. Ces préliminaires achevés, le tirage commença, et le silence le plus absolu régna tout-à-coup dans cette tumultueuse assemblée. Les cinq numéros gagnans furent tirés l'un après l'autre, et répétés au même instant, et comme par magie, dans un bas-relief, à l'autre extrémité de la salle. Chaque sortie excitait un murmure où l'on distinguait deux parties, comme dans un chœur d'opéra : celle de l'espoir déçu, dans le genre chromatique, et celle de l'espoir réalisé sur un mode vif et brillant. C'est là qu'un peintre doit venir observer la nature, étudier tous les mouvemens, toutes les expressions dont la face humaine est susceptible. Parmi tant de figures décomposées par la tristesse, j'étais curieux sur-tout d'examiner celle de mon ambitieux valet. Je n'avais pas fait grande attention aux numéros sortis ; qu'on juge de ma surprise, en voyant arriver mon homme, de sa nature très-lourd et très-sérieux, la figure rayonnante de joie, et gambadant comme un fou, avec une petite femme toute ronde qui pendait à son bras! Par un de ces hasards qui déconcertent pour long-tems toutes les règles de la prudence, tous les raisonnemens de la sagesse, il avait gagné son terne et fait fortune. J'étais encore d'humeur à lui faire un sermon, mais il n'était plus d'humeur à l'entendre. Je me bornai à le féliciter d'avoir été plus heureux que sage. Les acclamations le suivirent dans la rue, la fanfare l'attendait à la porte de sa prétendue, chez laquelle il donna le soir même un souper où le civet de lièvre ne fut pas oublié, comme on peut croire. Paul est un honnête homme : son bonheur me réjouit ; mais j'aurais desiré qu'il le dût à d'autres circonstances.

OBSERVATIONS DÉTACHÉES.

LA manie des paradoxes menace d'envahir notre littérature, et pour peu que cela continue on en viendra bientôt à soutenir, comme le Damis de la comédie du *Méchant*, que *rien n'est vrai sur rien*. Jusqu'ici l'on s'était imaginé que la mythologie des Grecs était une source inépuisable d'images riantes et gracieuses ; que l'Amour et son bandeau, Vénus et sa ceinture, les Grâces, les Nymphes et les Muses offraient à l'imagination une galerie de tableaux enchanteurs : l'année dernière un auteur connu par beaucoup d'autres romans, nous a prouvé en *arabesques*, que les Athéniens étaient le peuple le plus mélancolique de la terre, et que ses fables sont ce qu'il y a de plus triste au monde. Nous avons tous été élevés dans la conviction que la

Chine était un pays civilisé de tems immémorial ; on nous assure aujourd'hui que la nation chinoise ne remonte pas au-delà du tems des Croisades.

Bacon, Montaigne, Locke, J. J. Rousseau, et autres gens de cette espèce qui ont écrit sur l'éducation des enfans, sont tous partis du principe qu'il fallait, autant que possible, instruire l'enfance en l'amusant, et pour nous servir des propres mots de l'auteur des Essais, *emmieler les bords* du vase que l'instituteur lui présente. Ecoutez certains docteurs du jour, cette méthode n'est bonne qu'à propager l'ignorance et la sottise : avant de prendre un parti, informons-nous du procédé qu'on a suivi pour leur éducation. Quoiqu'il en soit, les auteurs de toutes ces belles découvertes n'atteindront jamais, en fait de paradoxes, à la célébrité de Linguet qui fit un livre pour prouver que Tibère étoit le meilleur des princes et que le pain était le plus dangereux des poisons.

— Saintfoix observe dans ses *Essais sur Paris*, qu'en 1760 la femme d'un libraire faisait ses couches dans la salle de bain de Diane de Poitiers, et qu'un procureur au Châtelet se trouvait logé trop à l'étroit dans l'hôtel d'un garde-des-sceaux. De pareils rapprochemens sont curieux, et de nos jours des recherches semblables pourraient être plus amusantes encore. Il n'est pas sans intérêt de savoir que c'est dans la maison où se trouve en ce moment établie la redoute de la rue de Grenelle-Saint-Honoré, qu'est morte empoisonnée Jeanne d'Albret, mère de notre bon et grand Henri IV; que l'hôtel de Colbert, rue des Rats, est occupé en entier par un imprimeur; que l'hôtel où est mort le connétable Anne de Montmorenci, est aujourd'hui consacré aux bureaux des droits-réunis.

N° XXIII. — 13 *décembre* 1811.

CORRESPONDANCE.

AUX RÉDACTEURS DE LA GAZETTE DE FRANCE.

Paris, 10 décembre 1811.

Sans habiter un désert ou quelques lieux retirés ; sans même quitter le centre de Paris, Messieurs, je n'avais plus de communication avec le Monde que par la *Gazette*, qui m'apprenait assez exactement ce qui se passait en Europe, et ce que les sciences ou les lettres offraient de nouveau et d'important. Aujourd'hui, elle a pris à mes yeux un nouvel intérêt : on m'y parle de cette société où j'ai brillé à mon tour, de ces mœurs que j'ai peut-être jugées avec trop de passion et de préjugés, de ces usages que j'ai oubliés, de ces modes dont j'ai vu se dérouler le cercle brillant ; et c'est un Hermite qui observe et qui peint tout cela avec autant de charme que de vérité. Il est au port, il regarde les flots sans avoir l'air de s'en soucier ni de les craindre. Il me reporte quelquefois aux jours de ma jeunesse, et si je ne puis reconnaître ses habitudes actuelles, je ne peux du moins me méprendre aux détails qu'il me donne sur sa vie passée ; nous avons connu les mêmes personnages, nous avons parcouru les mêmes salons ; je pourrais lui dire ses aventures, ce qui n'intéresserait aujourd'hui que lui et moi, quoiqu'il ait été de fort bon ton, pendant quelques années, de faire sa confession générale au public. J'ignore les motifs qui l'ont porté à se faire hermite. Voici ceux de ma vocation :

Assez indépendant par caractère, et constant par goût, je n'ai su changer ni mes mœurs, ni mes idées, ni mes liaisons, ni mes habitudes ; le dirai-je ? ni mon costume, lorsque le tems, la mode et mille autres causes changeaient tout ce qui se trouvait autour de moi ; c'était le moyen d'être, en peu d'années, entièrement seul dans le monde. Aussi, peu-à-peu, me suis-je vu dans une retraite parfaite, que mon caractère, mes goûts, mon âge et ma santé m'ont rendu très-convenable. La société serait devenue pour moi, comme pour votre Hermite, un spectacle dont je pourrais juger impartialement les scènes et les acteurs, sans un petit inconvénient qui m'empêche de diriger à mon gré mes observations. Je suis goutteux, par conséquent souvent impotent, et jamais bien alerte. Quarante-deux verres d'eau chaude que j'ai avalés, n'ont pas même changé la goutte de place; et j'ai eu besoin de quelques restaurans pour mon estomac ; mais enfin, décidé à vivre avec mon ennemi, j'ai résolu du moins de profiter de mon isolement et de mon incognito pour me placer au milieu de ce tumulte que forme la société dans les grandes villes. Bien sûr d'être seul partout, j'ai voulu seulement apercevoir de ma solitude le plus grand nombre possible de scènes diverses, de mœurs différentes, de tours variés, et ne pouvant étendre mes pélerinages loin de mes foyers, j'ai choisi le lieu de mes méditations au milieu du parterre de l'Opéra. C'est là, Messieurs, que depuis quarante ans (car j'ai été vieux de bonne heure) je vois continuellement passer sous mes yeux des modes, des usages, des scènes, un luxe, des arts, des manies qui changent sans cesse, et qui me surprennent quelquefois par leur singularité. En effet, ce qui se passe sur le théâtre n'est pas, à beaucoup près, ce qu'on y voit; le grand foyer diffère du foyer des acteurs; les coulisses ne sont pas habitées par le même peuple que les corridors; le ton, la politesse, les manières ne se ressemblent pas aux premières et aux quatrièmes; il y a des usages, un maintien pour le balcon, qui ne sont plus ceux du parterre ou du paradis; la sortie de l'Opéra offre un spectacle différent des entr'actes; la loge de l'actrice voit d'autres scènes que la loge à l'année; partout les ridicules, l'esprit et les caractères ont des nuances marquées, et de ces nuances-là, quelques-unes valent la peine qu'on les observe. Croyez-moi, Messieurs, lorsqu'il s'agit de noter des travers ou de faire la satire des manières et des ridicules, ce n'est pas au loin qu'il faut aller chercher une abondante récolte, et chacun peut s'écrier :

O fortunatos nimium sua si bona norint !

Et ces arts et ce luxe qui étalent leurs prestiges sur cette magnifique scène, n'ont-ils rien qui mérite d'être remarqué, sous quelques rapports généraux étrangers à telle ou telle représentation? Autrefois je parcourais, avec la curiosité et l'ardeur de la jeunesse, cette forêt de machines que j'ai vu bien perfectionner depuis le tems où l'on poussait à la main, et une à une, des coulisses qui ressemblaient à des feuilles de paravent. L'Opéra a ses arts comme ses modes, sa politique et ses révolutions. N'ai-je pas été aussi le témoin des terribles divisions qui se sont élevées entre les partisans de Lulli et de Rameau; entre ceux de Gluck et de Piccini? Enfin, Messieurs, les années et un long séjour m'ont fait connaître la carte de ce pays, plus singulier qu'on ne pense. J'y conduirai quelquefois vos lecteurs, si l'impression de cette lettre, dans votre journal, m'annonce que mon offre n'est pas rejetée.

J'ai l'honneur d'être, etc.

Le Solitaire de l'Opéra.

J'AI reçu, à quelques jours de distance, deux lettres qui prouvent à quel point le champ de la dispute est vaste, et le peu d'espoir qu'il y a de rapprocher certains esprits : l'une de ces lettres servira de réponse à l'autre.

Paris, 4 décembre.

MONSIEUR, il faut que vous soyez doué d'un beau sang-froid, ou retenu par de bien misérables considérations, pour ne pas vous élever avec plus de force et de courage contre ce débordement d'ignorance, de sottises et de mauvais goût dont la France est en grande partie submergée : est-ce assez de quelques épigrammes, plus ou moins innocentes, pour faire justice du charlatanisme et de l'orgueil de nos prétendus savans, de l'abondante stérilité de nos artistes, de la dégradation de nos gens de lettres, de la bêtise insolente de leurs protecteurs, en un mot, de l'abrutissement général vers lequel on s'achemine, et où nous serions, depuis vingt ans, irrévocablement plongés, sans le secours d'un bras puissant qui retarde notre chûte ? Dans l'Empire des arts, le génie, l'enthousiasme, le talent même, est éteint ; si j'ouvre le livre nouveau le plus vanté, la première chose que j'y découvre, c'est le motif particulier qui l'a fait écrire, et le but intéressé que l'auteur s'y propose. Si le désœuvrement me conduit au théâtre, je vois que rien n'est au-dessous des pièces modernes qu'on y représente, si ce n'est la maladresse des acteurs qui les jouent, et la stupide patience du public qui les écoute. Si je jette les yeux sur les monumens de nos arts, je gémis de penser, qu'en attestant aux siècles à venir la grandeur et la magnificence du prince sous le règne et par les ordres duquel de si grands travaux ont été entrepris, ils déposeront en même-tems de la médiocrité présomptueuse et du mauvais goût de nos artistes. Tranchons le mot, il n'y a plus d'artiste ; tout est artisan, depuis le mathématicien, qui prétend que la toise du menuisier doit remplacer les plus sublimes formules de Keppler ou de Newton, jusqu'à ce journaliste qui n'a d'opinion qu'après avoir consulté le registre de ses abonnés. Le domaine des sciences et des lettres est envahi par une nuée d'agioteurs rimans, chantans, peignans, chiffrans, qui spéculent tantôt sur un problème d'algèbre, et tantôt sur un couplet de chanson : et l'on se plaint de la critique amère ! ! ! ......

J'ai l'honneur d'être, etc.   Th. Fl.

Paris, 9 décembre.

Eh ! Monsieur, au lieu de vous amuser à critiquer tel ou tel usage innocemment ridicule, tel ou tel abus dont vous oubliez trop souvent de rechercher les avantages, ne devriez-vous pas nous faire justice de cette manie de dénigrement qui semble s'être emparée de tous les cerveaux à-la-fois ? Comment se fait-il que parmi vous autres barbouilleurs de papier à la feuille, il ne s'en trouve pas un qui prenne la tâche honorable de redresser ce travers de l'esprit parisien, et de prouver que l'époque où nous vivons est, je ne dis pas seulement la plus glorieuse, on ne trouverait pas de contradicteur, mais, à tout prendre, la plus remarquable, à ne l'envisager même que sous le rapport des progrès de la civilisation, des lettres et des arts ? Cette rage de tout fronder a passé des journaux dans les salons, des salons dans les boutiques ; et si les étrangers veulent nous prendre au mot, ils peuvent, à l'exemple du Livonien Kotzbue, nous regarder comme le peuple le plus ignorant, le plus futile, et même le plus triste de l'Europe. Il est de fait cependant (et c'est cela qu'il faudrait avoir le courage de dire) que la France jouit, au tems où nous vivons, d'un honneur qu'on a pu lui contester à toute autre époque, celui de primer également dans les armes, dans les sciences, dans les arts et dans les lettres. Nous pouvons être, à quelques égards, au-dessous de nous-mêmes, mais nous sommes encore au-dessus des autres. On a beaucoup crié contre quelques philosophes de l'autre siècle, et on leur a prodigué l'épithète de mauvais Français, parce qu'ils reconnaissaient la supériorité de nos voisins en quelques points de leur législation, parce qu'ils faisaient l'éloge de quelques institutions étrangères que nous avons adoptées depuis ; mais ces mêmes hommes, ces Montesquieu, ces Voltaire, qui avaient acquis à tant de titres le droit de gourmander leurs concitoyens, sont eux-mêmes la preuve de cette supériorité qu'ils contestaient quelquefois à leur patrie : leur plume, comme la lance d'Achille, guérit la blessure qu'elle fait. Il n'en est pas ainsi des chefs de nos frondeurs modernes ; quand ils assurent que l'esprit et le goût deviennent chaque jour plus rares, on ne peut les opposer à eux-mêmes, ils sont bien sûrs de convaincre ceux qui ne lisent que leurs écrits, et c'est malheureusement le plus grand nombre. De grâce, Monsieur, vous, en qui j'ai surpris quelquefois des mouvemens de franchise et de justice, prenez en main la défense de votre siècle et de la vérité ! Est-il donc si difficile ou si dangereux de démontrer par les faits, que les sciences n'ont jamais brillé d'un plus grand éclat ; que la France est aujourd'hui la seule patrie des arts ; que si les lettres ne comptent qu'un très-petit nombre de ces esprits du premier ordre dont la nature s'est montrée de tout tems avare, elles citent, dans tous les genres, des noms dont elles s'honorent ; que le luxe, ce besoin des grands États, n'a jamais été dirigé par un goût plus pur, et appliqué à de plus nobles objets; enfin que, dans toutes les branches de la civilisation, les progrès sont tels que, ne pouvant en nier l'évidence, on a pris le parti d'en contester les avantages? Voilà, Monsieur, un emploi vraiment digne de vous; je ne puis vous répondre que cette manière d'envisager les choses augmente beaucoup le nombre de vos lecteurs, mais elle augmentera du moins la considération avec laquelle j'ai l'honneur d'être, etc.

L. DE ST-EM...

OBSERVATIONS DÉTACHÉES.

Si on écoutait certains réformateurs, Paris serait bientôt soumis à une règle aussi sévère que l'ordre de la Trappe. Les uns voudraient supprimer les voitures, pour que les gens de pied marchassent plus à leur aise; les autres voudraient que les chevaux n'allassent qu'au pas; ceux-ci desireraient qu'on transformât toutes les rues en canaux; ceux-là se plaignent que les fontaines coulent nuit et jour; quelques personnes, pour avoir eu probablement le menton raflé par une raquette, se déchaînent contre les joueurs de volant devant les portes, et l'on va même jusqu'à déclarer la guerre à ces troupes de petits baladins, d'escamoteurs qui garnissent les boulevarts depuis le temple de la Gloire jusqu'à l'Arsenal, sous prétexte qu'il retardent la marche de l'homme affairé, qu'ils favorisent l'adresse de quelques filous et les projets de quelques beautés nocturnes. Mais ces légers inconvéniens peuvent-ils balancer, dans une ville immense, les avantages de ces spectacles où des milliers d'individus des classes inférieures de la société trouvent, à si peu de frais, le soir, un délassement à leurs pénibles travaux ? Nous ne dissimulerons pas le plaisir que nous trouvons nous-mêmes à nous glisser dans ces groupes de curieux qui se rassemblent autour de ces opérateurs dont l'un vous offre *une poudre incomparable* pour les dents ; l'autre *une pierre à détacher* qui rendroit à sa couleur première, le linceul qui enveloppe une momie égyptienne ; un troisième, *une pommade* au moyen de laquelle les cheveux croissent à vue d'œil, *le tout pour la bagatelle de deux sous*. Comment passer sans s'arrêter devant ce rival des Beaumé, des Klaproth, établi depuis quelques jours sur le boulevart Poissonnière ? C'est avec le simple appareil d'une table, d'une bouteille et de quelques verres, que ce chimiste en plein-vent vous démontre les propriétés des acides, et qu'au moyen d'une dissolution de tournesol et d'un peu de vinaigre, il tire de la même fiole une liqueur qui prend successivement la couleur du vin, de la bière, du cidre et de l'eau-de-vie. A quelques pas de là voyez ces deux petites filles qui se sont fait un moyen d'existence de la facilité qu'elles ont acquise de *tourner* une heure sur elles-mêmes avec une incroyable vitesse. Plus loin, c'est une famille entière, depuis le grand-père jusqu'à l'enfant à peine sorti du berceau, qui exécute sur un vieux tapis de Bergame des tours de souplesse dont on s'amuse en frémissant. Joignez à ces baladins l'orgue de Barbarie qui joue la romance du *Jardinier fleuriste*; le physicien qui démontre les propriétés de la bouteille de Leyde; le grimacier qui chante *la Bourbonnaise*; les temples de *Pestum* en bouchons de liége; le vaisseau *le Majestueux* en verres de couleur; les parades, les marionnettes, le mouvement de quatre théâtres et de 108 cafés éclairés comme des salles de bal, on aura l'idée du spectacle que présentent les boulevarts, et l'on ne sera pas de l'avis des humoristes qui proposent d'en bannir tant d'objets divers qui en font le charme, dans la vue d'en faire une promenade aussi majestueuse et aussi gaie que la grande allée du Luxembourg.

N° XXIV. — 14 *novembre* 1811.

LA JOURNÉE D'UN COMMISSIONNAIRE.

O curas hominum! O quantum est in rebus inane!
PERS., Sat. Iere.

Que de soins on prend, que de peine on se donne pour des choses frivoles!

CE n'est pas seulement pour les riches que Paris est *un pays de Cocagne*, c'est pour tous ceux qui savent tirer parti des avantages et des agrémens que cette ville leur présente, dans quelque condition que le sort les y ait placés. J'ai passé, comme beaucoup d'autres, par tous les degrés de la bonne et de la mauvaise fortune, et je ne suis pas encore bien sûr d'avoir été plus heureux avec soixante mille livres de rente, dans un bel hôtel du faubourg Saint-Germain, que je ne l'ai été, depuis, à mon quatrième étage de la rue Saint-Lazare. J'avais alors, pour tout domestique, ma portière, qui venait allumer mon feu, préparer mon déjeûner et ranger mon appartement, tout aussi bien que le plus habile valet-de-chambre. Je n'avais plus à ma suite, ou plutôt à ma charge, deux ou trois laquais bien fainéans, qui se disputaient à qui me servirait le plus mal ; mais pour quinze sols j'avais, tous les matins à mes ordres, un petit commissionnaire bien intelligent, bien leste et bien fidèle. Je ne voyais plus de voiture sous ma remise, mais à deux pas de chez moi, j'en trouvais vingt sur la place ; je sentais encore moins vivement la perte de mon cuisinier, en songeant que dès la pointe du jour, cent restaurateurs, dans tous les coins de Paris, étaient occupés, non-seulement à préparer mon dîner, mais à prévoir jusqu'aux moindres caprices de mon appétit.

J'ai trouvé, dans la médiocrité de ma fortune (où je me repose aussi voluptueusement qu'Horace), un avantage auquel la tournure de mon esprit et de mes goûts me fait attacher un grand prix : c'est celui de me mettre pour ainsi dire en contact avec toutes les classes de la société, et de pouvoir embrasser, d'un coup-d'œil, l'intervalle que sépare la pauvreté de l'extrême opulence. Je me suis fait tout-à-la-fois une étude et un plaisir d'observer les mœurs de mon tems, et d'en esquisser le tableau; ce qui m'impose l'obligation de m'arrêter avec le même intérêt dans les palais et dans les greniers; de visiter tour-à-tour les magasins, les boutiques et les échopes; de dîner alternativement dans les salons de Beauvilliers et dans les cabarets de la Courtille; de me trouver un soir au balcon de l'Opéra, et le lendemain à la galerie de l'Ambigu; de fumer ma pipe à la tabagie du Hameau, en sortant de prendre une glace au café de Foi. Cette variété de costumes, de langages, d'attitudes, compose un vrai Panorama moral, où, sous la main d'un peintre habile, la population entière de Paris finirait par trouver sa place.

Toute la science de l'observation se réduit, pour moi, à deux points : écouter parler les riches et faire parler les pauvres. Fidèle à cette maxime, je ne manque guère d'entrer en conversation, quand l'occasion s'en présente, avec le cocher de fiacre, le porteur d'eau, le marchand de vieux habits, tous gens qui ont beaucoup à raconter, parce qu'ils ont beaucoup vu. Plus d'une fois ces entretiens m'ont fourni la preuve que la fortune, en distribuant les places, fait parfois de bien lourdes bévues; témoin l'homme qui sort de chez moi, et qu'à son langage, à son caractère, à ses sentimens, on ne s'attendrait certainement pas à trouver au coin d'une rue.

Ce commissionnaire m'apportait une lettre; je la pris sans lever les yeux sur lui, et je me contentai de lui dire *qu'il n'y avoit pas de réponse*. Etonné de voir qu'il ne sortait pas, je crus qu'il était sourd, et je lui répétai plus haut *qu'il n'y avait pas de réponse*. « J'entends bien, me dit-il en riant; mais je vois aussi que Monsieur ne me reconnaît pas. — Non, mon ami. — J'ai pourtant fait bien des courses pour vous, quand vous demeuriez dans la rue Saint-Lazare; il est vrai qu'il y a de çà bien longtems; je n'avais que seize ans alors. — Comment ! tu serais ce petit garçon ?... — Qui portait, tous les matins, vos billets sans adresse à cette jolie dame de la rue Saint-Florentin. Rien qu'à la manière dont la femme-de-chambre me remettait la réponse, je savais déjà si vous me payeriez ma commission double. — Tu as bien de la mémoire, mon pauvre Chambéri ! — Si Monsieur a besoin de moi le jour, la nuit, il n'a qu'à parler ; je ne suis plus tout-à-fait si leste ; mais peut-être bien aussi que Monsieur, quand il écrit aux dames, n'a plus besoin qu'on revienne si vite. — Hélas non ! mon enfant ; aussi toutes mes commissions sont-elles maintenant du même prix. Mais parlons de toi ! tu n'as pas changé d'état, à ce qu'il me paraît ; cependant l'occasion étoit belle. — J'ai toujours été content du mien ; j'aime l'indépendance, et c'est pour n'être le domestique de personne que je me suis fait celui de tout le monde. — Tu fais donc bien tes affaires ? — Je vis, et je trouve moyen, au bout de l'année, encore d'avoir trois ou quatre napoléons de reste ; mais il y a des jours de guignon : hier, par exemple...., la maudite journée ! je ne l'oublierai de ma vie. — Bois un verre de vin, et conte-moi ça. — Voici mon histoire de la veille. A six heures du matin, une petite dame de la rue Traversière me fait venir ; elle me charge d'aller au-devant d'un jeune homme qui doit arriver à Paris, dans deux heures, par la route de Lyon, et de lui remettre un billet de la *plus grande importance*. Muni de mes instructions, je vais m'établir à la barrière; j'attends, personne ne vient; je retourne chez la dame; le feu était au logis : le jeune homme, arrivé par un autre chemin, avait été reçu, au débotté, par un mari qu'il croyait bien loin; et l'explication entr'eux était si vive, que je me gardai bien d'entrer pour demander mon argent.

Je retournais à mon poste; chemin faisant on m'arrête pour faire le déménagement d'un peintre en miniature. Je monte au cinquième au-dessus de l'entresol, dans la rue de la Lune; je conviens de prix, et je descends chargé de tout le mobilier du jeune artiste; mais au bas de l'escalier, le marchand de vin me prend deux chaises et un trumeau pour se payer, dit-il, d'un petit mémoire que le peintre a oublié de solder. Le tailleur, le boulanger, la blanchisseuse attendaient dans la cour; l'exemple du marchand de vin les gagne; chacun s'empare d'un meuble, et en moins de rien le déménagement est complet. Le pauvre garçon, témoin de son désastre, prit son parti de bonne grâce, et s'en alla en riant, sa boîte à couleur sous le bras, achever le portrait d'une actrice de l'Ambigu, sur le paiement duquel est assignée ma commission.

Comme je le quittais, un jeune homme, descendu d'un cabriolet de louage où il étoit avec une petite femme d'une figure très-espiègle, vint à moi, me remit un *nécessaire* en maroquin rouge, de chez Garnesson; et après avoir pris le numéro de ma médaille, me chargea de porter cette boîte dans une maison de prêt, d'emprunter dessus soixante francs, et de les lui porter à la *Galiote*, cabinet n° 15. Examen fait du nantissement, le buraliste auquel je m'adressais, ne voulut me prêter que douze fr.; un second ne fut pas plus généreux : je n'acceptai point une somme aussi modique, et j'allai à la *Galiote* rendre compte au jeune homme du peu de succès de mon message. Le garçon apportait la carte du déjeûner; elle se montait à trente-deux francs; on avait compté sur le Mont-de-Piété pour en acquitter le montant. Privé de cette ressource, il fallut tout avouer à la jeune dame, qui se vit obligée, pour sortir de la *Galiote*, d'y laisser son *cachemire* en gage.

Cette commission-là ne me rapporta pas plus que les autres.

Je commençais à prendre de l'humeur, quand un homme m'aborde sur le boulevart, et me demande si je suis de force à porter douze mille francs en écus; je réponds affirmativement, et je m'achemine avec lui vers l'hôtel Grange-Batelière, bien convaincu que cette commission va me dédommager de toutes les autres. Nous montons chez un baron allemand qui nous reçoit de la manière la plus brutale : il prétend que nous ne lui avons pas gagné loyalement la somme que nous réclamons, et finit par nous proposer deux cents louis en *billets payables dans six mois*. Il fallut bien en passer par là. Celui qui m'avait amené sortit en déclamant « contre l'*indélicatesse* des joueurs d'à présent, qui ne se font pas scrupule de payer les mémoires du boulanger et du boucher, de préférence aux dettes sacrées du jeu, qu'on acquittait autrefois dans les vingt-quatre heures. » En disant ces mots, mon homme part et disparaît comme un éclair. Je ne perdis pas mon tems à courir après lui.

La nuit étoit venue, le tems était pluvieux;

je quittai mes crochets pour prendre un parapluie, et j'allai attendre les piétons à la sortie du théâtre des Variétés : avant la fin de la dernière pièce, un militaire me mit une jeune personne de seize ou dix-sept ans sous le bras, en me chargeant de la conduire rue Grenier-Saint-Lazare. C'était une très-jolie petite ouvrière en linge; la pauvre enfant accélérait tant qu'elle pouvait sa marche, en m'interrogeant, à chaque pas, sur l'heure qu'il pouvait être. Nous arrivons enfin : elle frappe à une porte d'allée; on tire le cordon, et tandis qu'elle était occupée à chercher quelque monnaie dans son sac, son père, qui l'attendait dans la loge du portier, fait tout-à-coup une si terrible explosion, que, sans penser à mon salaire, la petite me ferme bien vite la porte au nez et me laisse dans la rue, bien plus affligé de sa mésaventure que de la mienne.

Je ne me décourage pas facilement : il était onze heures; j'avais une dernière ressource, j'en fais usage à l'instant même : un falot à la main, je me rends dans la rue des Bons-Enfans, à la porte d'une maison de jeux, avec l'espoir d'être employé par quelque joueur heu-

reux, dont la générosité me payera ma journée entière. Vers deux heures du matin, paroît un gros homme, enveloppé d'une houpelande; je fais la question d'usage : *Monsieur, veut-il un falot ?* « Allons, marche, coquin ! » me répond-il. Cette apostrophe me paroît de bon augure (il y a tant de gens qui ont le bonheur insolent !); je la prends pour un ordre, et me voilà trotant devant le gros homme jusqu'au bout de la rue Neuve-Saint-Eustache : il frappe à coups redoublés à la porte d'un hôtel garni; tandis que le portier s'éveille, je lui demande quinze sous pour ma course : *Quinze sous !* me répond-il d'une voix de tonnerre, *si le passe-dix m'avait laissé quinze sous, au lieu de prendre un falot, j'aurais pris un potage.* Cela dit, il entre, referme la porte, et je regagne tristement ma demeure en songeant, pour me consoler, que les jours se suivent et ne se ressemblent pas...
— En voici la preuve (dis-je à ce brave homme en lui mettant un napoléon dans la main)! Reviens me voir, mon garçon; tu as de la probité, de la gaîté et de l'esprit; les gens comme toi sont les seuls qui soient toujours bien venus dans mon hermitage, sous quelque habit qu'ils

s'y présentent, et c'est pour cela que je vois si peu de monde.

OBSERVATIONS DÉTACHÉES.

Celui qui n'aurait qu'un jour à passer à Paris, pourrait, sans quitter le Palais-Royal, prendre une idée assez exacte des ressources, des avantages et des inconvéniens de cette immense capitale. Le jardin, les galeries, les cafés, les maisons de jeu que renferme l'enceinte de ce palais, offrent, pour chaque heure de la journée, des tableaux dont la variété est le premier mérite. Vers neuf heures du matin dans la belle saison les politiques se rassemblent autour de la Rotonde, et s'instruisent, pour la modique rétribution d'un sou, des nouvelles qui feront l'objet de leur entretien pour le reste du jour. A dix heures le café de *Chartres* commence à se remplir d'employés qui viennent, en déjeûnant à la fourchette, y attendre l'heure du bureau. De midi à trois heures, c'est au café l'*Emblin* que se réunissent ce qu'on appelle les habitués du Palais-Royal, pour se distribuer ensuite dans les différentes maisons d'affaires et de plaisirs. A quatre heures, les allées du jardin suffisent à peine à la foule des commerçans, des agens de change, des courtiers, qui, trop resserrés dans le passage Virginie, viennent plus librement y régler l'*Amsterdam-banco*, le taux des fonds publics, et le prix des denrées coloniales. A cinq heures, les chaises de ces mêmes allées sont occupées, en partie, par de pauvres diables qui guettent au passage quelques amis ou quelques dupes sur la bourse desquels ils fondent l'espoir de leur dîner. A sept heures, les joueurs heureux, et les étrangers qui ont dîné chez Naudet ou aux frères Provençaux, viennent compléter le repas sous la Rotonde du café du Caveau, avec des glaces, des liqueurs ou du punch à la romaine. La promenade du soir dans le jardin, s'il fait beau, et sous les arcades en cas de pluie, est réservée aux oisifs malaisés qui ont couru vainement le matin pour se procurer *gratis* des billets de spectacle, aux jeunes provinciaux tout surpris de l'impression subite qu'ils font sur les beautés qui peuplent ce séjour, aux habitans du Marais ou du pays latin qui viennent en partie de plaisir prendre des glaces au café de Foi. Enfin, de minuit à deux heures, le café Lyonnais et celui de l'Empire sont le rendez-vous d'une foule de gens, dont le plus grand nombre hésiterait à rendre compte de l'emploi qu'il a fait de sa journée.

Après avoir jeté un coup-d'œil sur le Palais-Royal et ses habitués, j'essaie d'esquisser le tableau du jardin des Tuileries. Cette promenade, la plus belle et la plus fréquentée de Paris, a, comme toutes les autres, ses habitués qui se succèdent à des heures différentes. Dès sept heures du matin, à l'ouverture des grilles, il n'est pas rare d'y voir arriver, deux par deux, des jeunes gens qui ont eu la veille dispute au spectacle et qui viennent attendre leurs adversaires au café Godeau, au profit duquel tourne, le plus souvent, l'explication. A dix heures, quelques acteurs vont étudier leur rôle à l'ombre des allées latérales. Vers midi, un essaim de ces dames qui n'ont à faire que vers la brune, se dispersent dans les allées principales où elles s'asséyent négligemment, un livre à la main, attendant au passage les nouveaux débarqués dont elles méditent la conquête. A quatre heures, au retour du bois de Boulogne, les jeunes gens en habit de cheval, et les élégantes en négligé, viennent attendre l'heure de leur toilette. A six heures le tableau change : les allées et les carrés de verdure se couvrent d'une nuée de *bonnes* et d'enfans ; et tandis que les marmots s'ébattent innocemment sur la pelouse, leurs jeunes gouvernantes prêtent l'oreille aux propos galans ou gaillards des amoureux en livrée qui les accompagnent. A sept heures, tous les politiques du faubourg Saint-Germain, les rentiers de la rue de Lille, les vétérans pensionnés, se rassemblent à la Petite-Provence, où ils s'entretiennent, en prenant force prises de tabac, des progrès du Louvre, de la largeur du pont d'Iéna, de la hauteur de la Seine, et des variations du thermomètre de Chevallier, sans se douter qu'à neuf heures ils cèdent la place à de petites ouvrières qui viennent, en quittant le magasin, rejoindre quelques clercs de la basoche échappés de l'étude. Dix heures sonnent et le roulement des tambours donne à nos amoureux le signal de la retraite. Je ne présente ici que des masses; mais quel tableau piquant et varié, une *seule Journée du jardin des Tuileries* ne fournirait-elle pas à un autre Lesage ?

N° XXV. — 21 *décembre* 1811.

LES ALMANACHS.

Nugis addere pondus.
Hor., Ép. 19.

(Il donne un air d'importance à des bagatelles.)

RETENU dans mon grand fauteuil par un rhume (que j'aurois guéri, dans ma jeunesse, avec un bol de punch, au lieu d'orge perlée que m'ordonne aujourd'hui mon médecin), je n'avais rien de mieux à faire que de feuilleter les brochures nouvelles que mon libraire est venu m'apporter. En jetant les yeux sur un catalogue de nouveautés qu'il a laissé sur ma table, ce n'est pas sans quelqu'étonnement que j'ai compté *soixante-deux Almanachs*, pour la plupart *chantans*. Mais pourquoi tant de chansons? Les grands effets font supposer de grandes causes, les grands produits de grands besoins. Or, comment se fait-il que les fabriques de couplets augmentent à mesure que la consommation diminue?

Par aperçu, nous aurons, cette année, six ou sept mille chansons nouvelles (je compte dans ce nombre le contingent des Almanachs de province). Mais pour qui travaillent ces infatigables chansonniers? Le peuple ne chante dans les guinguettes que de vieux refrains consacrés, de tems immémorial, à célébrer ses plaisirs. Dans les salons, on ne chante plus que de grands airs italiens d'une expression d'autant plus admirable, qu'on n'y emploie guère que ces mots: *Dolce amore, mio bene, la mia felicità*. Si de loin en loin, à la fin d'un concert, quelques jeunes personnes *soupirent* encore une romance française, c'est uniquement par égard pour Plantade ou Dominique, leurs maîtres, et en s'excusant auprès d'une assemblée qui fait bien plus de cas d'un *trille* (on ne m'entendrait plus si je disais d'une cadence) que de la pensée la plus ingénieuse et la plus délicate. Je compare ces nombreux Almanachs de nos jours, tous remplis de chansons anacréontiques, érotiques, satiriques et gastronomiques, à ces vastes magasins anglais où sont entassées pêle-mêle des marchandises qui, faute de débouchés, perdent chaque jour de leur valeur. On pourra m'objecter que comparaison n'est pas raison, et qu'il faut bien que ces recueils se vendent, puisqu'ils s'impriment, et que le nombre en augmente tous les ans; mais le grand débit des Almanachs (de toutes les étrennes les plus économiques) ne suppose pas le débit des chansons, et prouve seulement qu'il est plus facile de remplir un recueil de fadaises lyriques que de toutes autres niaiseries.

Il est de fait que l'on chante moins, beaucoup moins qu'autrefois (en prenant ce mot *chanter* dans sa vieille acception), par la raison simple qu'on est moins gai; et l'on est moins gai, parce que les dîners de six heures, qui se prolongent jusqu'à huit, ont amené la suppression des soupers, en attendant qu'ils amènent la ruine des grands spectacles, à laquelle concourent plusieurs autres circonstances. Je ne m'appesantirai pas aujourd'hui sur un sujet que je me propose de traiter à fond quelque jour, en rappelant ces petits soupers que le bon Carmontelle égayait par ses proverbes, Musson par ses facéties, et Dugazon par ses historiettes. Je rappellerai, avec plus de plaisir encore, les soupers fins dont le vieux Collé faisait les délices par ces chansons gaillardes que le *censeur n'avait pas voulu lui passer*, mais que la bonne compagnie lui passait quelquefois. Je crois le voir encore avec son habit de velours noir, sa perruque ronde et son nez de perroquet, tirant mystérieusement de sa poche un manuscrit recouvert d'une reliure flexible en maroquin, et choisissant avec malice une de ces jolies chansons que les dames n'écoutaient qu'à travers l'éventail, mais dont l'esprit, la grâce et l'extrême gaîté faisaient pardonner la licence. Cet usage de chanter le soir à table, était répandu dans toutes les classes : rien ne paraîtrait aujourd'hui plus ridicule.

Si l'on en excepte quelques ouvrières qui fredonnent, en travaillant, la romance dont elles ont appris l'air en écoutant les orgues de Barbarie; quelques enfans qui psalmodient à leurs parens des couplets pris dans *le Parnasse du Sentiment*, on ne chante plus à Paris, que le 20 de chaque mois, au Rocher de Cancale.

Cette remarque ne m'empêche pas de convenir des progrès de notre littérature.... d'Almanachs. Dans ma jeunesse, on donnait, pour tout cadeau du jour de l'an, des *Etrennes-Mignonnes*, dont quelques gravures grossières et une reliûre en mouton rouge étaient les seuls ornemens. L'intérieur contenait quelques adresses, deux ou trois vaudevilles en vogue, et un calendrier où l'on était sûr de trouver les *phases de la lune*, le *comput ecclésiastique* et *les fêtes mobiles*. Il y a maintenant Almanachs et Almanachs, et tous ne sont pas également présentables. Par exemple, il est d'usage qu'au premier de l'an, la *toilette*, le *vide-poche*, le *bonheur du jour* d'une petite-maîtresse, soient remplis d'Almanachs; mais vous n'y trouverez ni le *Chansonnier des Variétés*, qu'un papier commun et une impression grossière rendent tout au plus digne de figurer sur les comptoirs subalternes; ni *la Lyre d'Anacréon*, délices des ouvrières en linge; ni l'*Almanach de Famille*, ressource des gouvernantes et des précepteurs; ni même le *Chansonnier des Grâces*, malgré les prétentions de son titre. Les Almanachs de *bon goût*, les seuls admis aux honneurs du boudoir, sont : le *Petit Almanach des Dames*, l'*Almanach dedié aux Demoiselles*, l'*Almanach de la Cour et de la Ville*, l'*Almanach dédié aux Dames*, et dix ou douze autres recommandables aux mêmes titres, c'est-à-dire par la beauté des gravures, des caractères et du papier, par le luxe de la reliûre, où brillent, en cent façons, la moire, le tabis et le maroquin. Mais que cet éclat est peu durable ! A peine ces fastueux Almanachs ont-ils brillé quelques jours entre les mains blanches et parfumées de celle à qui ses adorateurs en ont fait hommage; à peine le *Jour des Rois* est-il arrivé, que ces brillans livrets, abondonnés aux enfans, passent du salon à l'antichambre, où leurs feuillets salis, leur reliûre en lambeaux, amusent encore quelques momens l'oisiveté des laquais.

Sic transit gloria mundi.

Combien est préférable l'existence moins brillante, mais plus assurée, de ce bon *Almanach de Gotha*, qui, depuis soixante ans, végète si paisiblement en Allemagne; au moyen duquel il n'est pas de baron allemand qui ne puisse, au besoin, établir sa généalogie aussi authentiquement que s'il présentait une charte nobiliaire du tems de Rodolphe de Hapsbourg. L'éditeur de cet Almanach a un grand moyen de fortune (je ne prétends pas affirmer qu'il en use) : comme il tient registre de l'âge de toutes les princesses de l'Europe, il est possible qu'il ne répète pas toujours littéralement ce que disent les extraits de baptême, et qu'il économise à quelques hautes et puissantes dames, les années que le tems leur prodigue.

Le premier et le meilleur des Almanachs est encore l'*Almanach des Muses*, tout déchu qu'il est de sa splendeur première. On n'y voit plus briller les noms de Voltaire, de Gresset, de Colardeau, de Bertin, de Léonard, de Gilbert ; mais, semblable à ces héritiers de grande maison, qui portent obscurément un nom illustré par leurs aïeux, et qui jouissent néanmoins de leurs prérogatives, l'*Almanach des Muses*, tel qu'il est, tel qu'il puisse être à l'avenir, est sûr d'aller prendre sa place, au bout de l'année, à la suite des quarante-huit volumes de la collection, et de finir honorablement sa carrière sur les rayons d'une bibliothèque. Quatre ouvrages du même genre ont, à mon avis, des droits au même privilége, c'est le *Nouvel Almanach des Muses* (rival quelquefois heureux de l'ancien), les *Etrennes Lyriques*, le *Portefeuille Français* et les *Etrennes de la Jeunesse*. On y retrouve plusieurs noms de bon augure et quelques morceaux de main de maître.

Ce serait faire injure au *Caveau Moderne* que de le placer même à la tête de cette foule de *Chansonniers* que le Jour de l'An voit éclore. Ce recueil annuel ne se recommande pas, comme les autres, par un extérieur imposant : un simple papier brun sert de couverture, le modeste carré de Limoges et les caractères de Perronneau composent toute sa parure typographique; mais plusieurs noms avoués des Muses se lisent au bas de ses pages.

Je ne terminerai pas ma revue des Almanachs de 1812, sans parler de ceux que M. Blanchard publie à l'usage de la jeunesse. Ce respectable libraire consacre exclusivement son magasin à l'instruction et à l'amusement de l'enfance ; ce qui lui a valu le surnom de *Berquin des libraires*. Tout son fonds se compose de *Chansonniers du premier âge*; de *Fabliers du se-*

cond âge, de *Plutarque de la jeunesse*, de *Petit La Bruyère*, de *Morale de l'Enfance*, de *Corbeille de Fleurs* (ce qui veut dire, Recueil de Complimens pour les Fêtes de tous les papas et toutes les mamans de l'Empire Français.)

On pourra conclure de cet article que je suis, en général, très-mécontent des Almanachs de l'an 1812; j'y trouve cependant tous les élémens d'un petit chef-d'œuvre du genre, et j'invite les libraires à l'exécuter pour l'année 1813, en usant d'un procédé semblable à celui dont se servit Apelles.

Recette pour faire un bon et bel Almanach.

Prenez dans l'ancien *Almanach des Muses*, l'*Epître à mon ami Andrieux*, de M. Ducis; les deux *Fables*, de M. Arnault; la première *Elégie*, de Mme Babois; le *Déguisement*, de M. Millevoye, et le dixain de M. Vigée; dans le nouvel *Almanach des Muses*, les *Deux Missionnaires*, de Chénier; le *Serment d'Annibal*, de M. François de Neufchâteau; *Mes Adieux à la Vie*, de feu Dorange; dans le *Caveau Moderne*, les chansons suivantes: l'*Enfer en Goguette*, *la Grisette et la Coquette*, de M. de Piis;

l'*Anglais au Caveau*, la *Bonne* et la *Mauvaise Chanson*, de M. Désaugiers; *Entrer et Sortir*, de M. Armand-Gouffé; *l'Amitié des Amans*, de M. Dupaty; *le Lit de Repos*, de M. Rougemont; *le Calendrier de l'Amour*, de M. Chazet; *le Donneur de Conseils*, et *Allez-donc*, de M. Brasier. Faites imprimer ces poésies chez Didot, sur vélin satiné; joignez-y *les jolies gravures* de l'*Almanach dédié aux Demoiselles*, la *vignette allégorique* de l'*Almanach des Dames*, l'*excellent calendrier* qui se trouve dans l'*Annuaire* publié par le Bureau des Longitudes; et quelques *airs charmans* de Boyeldieu, de Dalvimare et de Berton, qui terminent le *Chansonnier des Grâces*. Faites relier le tout par Bozerian ou Rosa, et trouvez le moyen de donner cet Almanach à un prix raisonnable ; vous n'aurez à craindre ni contrefaçon, ni concurrence.

OBSERVATIONS DÉTACHÉES.

Il y a beaucoup de gens à Paris qui n'y connaissent d'autres spectacles que les Français, l'Opéra, les Bouffons et l'Opéra-Comique; ils savent qu'il y a un théâtre du Vaudeville, un théâtre pittoresque, d'autres où l'on joue le mélodrame et la pantomime : mais ils n'ont aucune idée de cette multitude de spectacles populaires que l'on trouve à chaque pas, sur les boulevarts, ou sous les galeries du Palais-Royal, et dont je viens d'achever la tournée. Le premier, par rang d'ancienneté du moins, est celui des *Ombres chinoises* du sieur Séraphin : véritable théâtre qui a ses acteurs, ses auteurs, et, qui plus est, ses pièces imprimées, dont la principale est ce fameux *Pont-Cassé*, en possession, depuis trente ans, d'amuser tous les soirs à la même heure la foule des bonnes et des enfans dont il fait les délices.

A quelques pas de là, sous la même galerie du Palais-Royal, vient de s'établir un *éléphant automate*, lequel, au son d'une musique guerrière, exécute, avec assez de précision, divers mouvemens du corps et de la trompe; mais pourquoi tromper le public en annonçant un éléphant de grandeur naturelle, quand il est de fait que cet automate n'a pas la moitié de la taille ordinaire du quadrupède qu'il représente?

Dans le passage de Lorme (jolie galerie vitrée qui établit une communication élégante et commode entre la rue Saint-Honoré et celle de

Rivoli), on montre les *serins hollandais*, et l'on ne sait ce qu'on doit admirer le plus de l'obéissance de ces petits animaux, ou de la patience de leur instituteur. Il est douteux que le *Déserteur* de Sedaine, ou même celui de M. Mercier, ait jamais inspiré autant d'intérêt, qu'un de ces pauvres petits serins condamné à être fusillé pour le même crime, et subissant son sort avec un courage bien plus héroïque.

Ces acteurs emplumés m'ont beaucoup plus amusé que les *Puppi napolitani* qui baragouinent une langue étrangère, et n'ont pas même, pour des spectateurs français, l'espèce d'intérêt des marionnettes qui courent les rues.

Me voici maintenant sur le boulevart, dans la grotte de l'*homme incompréhensible* : après avoir avalé des cailloux pendant quelques années, il se nourrit maintenant de baguettes de vingt-huit pouces de long, qu'il trouve le moyen, sans aucun escamotage, de faire descendre toutes entières dans son estomac. Cette expérience m'aurait surpris davantage, si j'avais oublié celle que j'ai eu l'occasion de voir faire à quelques jongleurs dans les Indes-

Orientales : ceux-ci, beaucoup plus *incompréhensibles* que l'homme des boulevarts, avalent une lame de sabre longue de deux pieds, et large d'un pouce et demi.

Tout à côté de ce *rabdophage* est une ménagerie où l'on fait voir, sous le nom d'*Orang-Outang femelle*, une guenon hideuse, dont on a peint l'extrémité des mamelles en rose, pour l'instruction des connaisseurs. On est dédommagé de cette supercherie par la vue du singe voltigeur. Rien n'est plus étonnant que ce petit animal, qui surpasse en adresse et en agilité, sur la corde, tous les Ravel et les Forioso du monde.

Une des choses que j'ai vues avec le plus de plaisir dans ma promenade (malgré l'emphase de l'annonce qui m'avait un peu indisposé), c'est le *Panorama de l'Univers*, de M. Prevost. Les tableaux en sont variés et bien choisis, la lumière distribuée avec beaucoup d'art, et en général ces effets d'optique et de perspective m'ont paru dignes d'attirer quelques momens l'attention des connaisseurs eux-mêmes. J'ai sur-tout admiré un effet de neige, sur une des places de Moscow, dont l'illusion ne laisse rien à désirer. En moins d'une heure, au moyen d'une vingtaine de tableaux qui passent sous vos yeux, vous parcourez les quatre parties du Monde d'une manière plus économique, moins fatigante, et presqu'aussi fructueuse que les trois quarts et demi des voyageurs qui se donnent la peine de se transporter sur les lieux.

Après avoir parcouru la terre chez Prevost, on peut voir chez Curtius les grands hommes qui l'ont illustrée, et qui se sont donné rendez-vous dans les salons de cet habile modeleur en cire. La plupart des bustes sont parfaits, les costumes sont riches et même assez exacts; mais tout est visiblement sacrifié à la tête. Le mannequin, dénué de mouvement et de forme, n'indique que la place du corps et des membres de la figure. Nous ferons un reproche plus grave encore à cet artiste, d'ailleurs très-estimable; c'est de prostituer son talent à modeler des sujets qui ne doivent point trouver place dans une exposition publique, et qui pourraient tout au plus figurer dans le boudoir d'une courtisane ou dans un cabinet d'anatomie.

Nous avons terminé nos courses au café de

la *Victoire*, où, pour une modique rétribution de huit sous, sur laquelle on vous fournit encore une bouteille de bière, on peut assister à la représentation d'une pièce en vaudevilles, jouée par des acteurs dignes successeurs de Cadet-Roussel.

N° XXVI. — 27 *décembre* 1811.

LES ÉTRENNES.

Crede mihi, res est ingeniosa dare.
OVIDE, Élég., lib. II.

Croyez-moi, c'est un art que de savoir donner.

Le Jour de l'An approche, la grande affaire des étrennes occupe tous les esprits et imprime à cette grande capitale une physionomie particulière, qu'il est plus amusant d'observer que facile de décrire. Ce jour, qui sert ordinairement de terme à la plupart des transactions sociales et administratives, pourrait, sous ce point de vue, devenir l'objet d'une discussion plus ou moins ennuyeuse. Un moraliste ne manquerait pas de prendre son texte sur les complimens et les visites d'usage au renouvellement de l'année, et Dieu sait tout ce qu'il pourrait dire de vrai, de sage, d'admirable et d'utile, à-propos de la flatterie, de la dissimulation, de la bassesse et de la cupidité, qui mettent en mouvement les quatre-vingt-dix centièmes des gens que vous rencontrez alors sur votre chemin! Pour moi, observateur plus frivole et moins morose, j'envisage la chose avec des yeux d'enfant, et je ne veux voir dans le jour de l'an que les ÉTRENNES. Cependant, comme on est convenu, quelque sujet que l'on traite, de prendre la matière *ab ovo*, et que l'érudition est aujourd'hui fort à la mode, je ne manquerai pas, pour faire parade de la mienne, de citer Nonius Marcellus, *de proprietate sermonum*, lequel fait remonter l'origine des étrennes à Tatius, roi des Sabins. Le premier Jour de l'An (on ne sait pas très-positivement la date), on avait fait présent à ce prince un peu crédule de quelques branches d'arbres consacrées à *Strenua*, déesse de la force; ce qui lui parut de bon augure. Comme cette même année fut pour lui très-heureuse, il autorisa par la suite l'établissement de cette coutume, et donna à ces présens le nom de *strenæ* (dont nous avons évidemment fait étrennes). En puisant à la même source, je pourrais dire encore des choses fort curieuses sur les fêtes auxquelles cet usage donna lieu chez les Romains; sur les présens de dattes et de miel qu'ils se faisaient à cette occasion; sur les étrennes que les chevaliers et le peuple donnaient à Auguste, et dont le produit servait à faire élever des statues à des dieux oubliés dans le Panthéon; mais j'oublie que c'est de la chronique de Paris, et non de celle de Rome, qu'il est question pour le moment.

Etymologie à part, je croirais plutôt que cette fête tire son origine de celle que célébraient nos aïeux, les Gaulois, au renouvellement de l'année, et pendant laquelle ils se faisaient mutuellement de petits cadeaux de *gui de chêne* béni par les Druides, en chantant une espèce de cantique qui avait pour refrain : *Au gui l'an neuf!* ce qui explique à-la-fois les présens et les chansons du Jour de l'An. Quoi qu'il en soit, je ne vois jamais arriver ce jour sans éprouver quelque chose du plaisir qu'il m'a procuré aux différentes époques de ma vie, dont le cours se trouve, pour ainsi dire, marqué par les étrennes. Les bonbons me rappellent à ma première enfance; les joujous, à cet âge que l'on nomme si improprement l'âge de raison; les almanachs, les livres m'indiquent mon adolescence, et ma jeunesse date, dans mes souvenirs, du tems où j'ai commencé à donner des étrennes, avec plus de plaisir encore que je n'en avais auparavant à en recevoir. Le bon tems que celui où je me croyais obligé de courir, pendant huit jours, de maison en maison, pour y distribuer avec profusion une quantité de petits cadeaux achetés à grands frais, donnés avec prétention, et, la plupart du tems, reçus avec indifférence!

Il y a bien long-tems que je ne reçois plus d'étrennes, que je n'en donne plus qu'à mon portier et à mon domestique; mais tout désintéressé que je suis sur le Jour de l'An, je m'en réjouis encore par souvenir et par curiosité. J'aime à courir les boutiques: dans tout autre tems, il faut du moins avoir le prétexte d'acheter; dans celui-ci, grâce à l'extrême politesse de nos marchands, les curieux sont reçus presque aussi bien que les acheteurs. C'est hier que j'ai fait ma tournée, après avoir pris la précaution de laisser ma bourse chez moi, de peur de tentation. Je me suis amusé quelques momens du spectacle que présentent les rues marchandes. A voir la foule qui assiégeait certaines boutiques, on les croirait livrées au pillage ; chacun en sort les mains pleines : ici, c'est un homme grave qui porte un petit tambourin et une poupée sous le bras ; là, une femme qui marchande des instrumens de mathémathiques. Les écrivains publics, dans leurs petits bureaux à roulettes, ne peuvent suffire à toutes les demandes qu'on leur fait de lettres, de couplets, de complimens de bonne année, pour lesquels ils ont cependant une rédaction bannale qui s'applique merveilleusement à toutes les personnes, à toutes les circonstances.

J'ai vu le tems où le commerce des étrennes se faisait exclusivement sous les galeries du Palais de Justice. On n'y trouve plus maintenant que les étalages de quelques bouquinistes à l'usage de la Basoche, et quelques petits marchands de pantoufles, de chaussettes, de toques d'enfans et de rabats. Au tems dont je parle, les confiseurs de la rue des Lombards étaient en possession presqu'exclusive d'alimenter de bonbons, Paris et la province : Le *Grand-Monarque* et *le Fidèle Berger* se sont maintenus au milieu des vicissitudes du tems et de la mode, et rivalisent encore aujourd'hui de profit, sinon de gloire, avec l'illustre Berthelemot, créateur de la littérature en *diablotins*. Pendant les dix dernières années qui ont précédé la révolution, les étrennes à la mode, dans les plus hautes classes de la société, étaient des porcelaines de Sèvres. On peut concevoir jusqu'où cette manie a été poussée, en se rappelant qu'à cette époque les petits appartemens de Versailles, pendant la première quinzaine de janvier, étaient transformés en magasin de porcelaine, et que le roi lui-même s'en était établi le marchand *à prix fixe*. Les belles porcelaines sont encore au nombre des objets que l'on offre le plus communément pour étrennes ; et le magasin de M. Dagoty, sur le boulevart Montmartre, est un des plus richement assortis ; c'est là que se trouvent ces beaux services de table, qui réunissent à l'élégance des formes la beauté des couleurs et le fini des peintures ; ces vases de cent louis, destinés à recevoir une anémone de quinze sous ; ces élégans appareils propres à faire le café sans ébullition, et tellement perfectionnés par les procédés chimiques, physiques, pneumatiques, que l'on peut espérer d'avoir, à neuf heures et demie du soir, une demi-tasse de café, pour peu qu'on ait eu soin de s'y prendre trois heures d'avance pour ajuster la lampe à l'esprit-de-vin, le récipient, la capsule, le fouloir et autres ustensiles, auprès desquels l'appareil de Wolf n'est qu'un jeu d'enfant. Parmi les personnes qui examinaient ces brillantes inutilités, je reonnus Mme.....; elle venait d'acheter *une Patrouille d'Amours en biscuit*. Cette parure de cheminée, très-chère et d'assez mauvais goût, est du moins conforme aux inclinations bien connues de cette dame, qui ne cache pas l'estime toute particulière qu'elle a pour la jeunesse en uniforme.

En traversant le passage du Panorama, je remarquai avec peine que le beau magasin d'albâtre était désert. Je n'y vis entrer qu'une dame qui venait y faire sa provision d'*alkermes* de Florence. Tout auprès, la boutique du papetier Susse ne désemplissait pas. Je me glissai dans la foule, composée en grande partie de jeunes gens qui venaient se munir de cartes de visites satinées, gauffrées, dorées, où l'art du graveur s'efforce de mettre en évidence tant de noms dévolus à l'obscurité : quelques provinciaux achetaient du papier de couleur à vignettes, dont les petits maîtres des départemens font encore une grande consommation. A leur place, j'aimerais mieux y porter ces *jolis écrans à double surprise*, dont les transparens, adroitement ménagés, offrent des effets de lune, de neige, de soleil couchant; les plus nouveaux représentent une scène de l'opéra de *la Vestale*.

Après avoir admiré, chez Ybert et chez Versepuy, les étoffes de Lyon les plus riches, les tissus de cachemire les plus précieux; après avoir vu composer chez La Boullée une *Corbeille du Jour de l'An*, où les parfums les plus précieux, et sur-tout l'*Eau de Ninon*, doivent être renfermés dans des urnes de cristal d'une forme nouvelle ; après avoir visité successivement les bijoux de Sensier, les meubles de Thomire, les bronzes de Ravrio, et les modes de Le Roy, je terminai mes courses au *Petit Dunkerque*, qu'on peut regarder comme l'entrepôt de toutes les productions du monde industriel. Dans l'espace de quelques heures, j'y ai vu passer l'élite de la cour et de la ville. Avec un peu moins d'habitude de la vie, je pourrais m'amuser à décrire plusieurs bagatelles charmantes, et qui ont été payées d'autant plus cher, qu'elles sont, jusqu'à ce moment, uniques dans leur espèce; mais la description du bijou pourrait en faire connaître l'acquéreur, et déjouer les surprises que plus d'un époux se ménage.

De toutes les manières de distribuer des étrennes dans une nombreuse famille, la plus agréable et la plus délicate est d'en faire une loterie. J'ai assisté, l'année dernière, à un tirage de cette nature, chez M....., à qui tous ses parens, à l'exemple de son beau-frère, peuvent donner le double titre de *frater et pater*. On avait étalé sur une grande table, dans un salon, des étrennes pour tous les âges : des poupées, des pistolets, des boucles d'oreilles, des rasoirs de Lemaire, des Polichinelles, des colliers et des étuis de mathématiques. Des billets semblables et roulés, portant le nom et la spécification des différens objets mis en loterie, furent jetés et mêlés dans une urne de satin; après quoi chacun vint tour-à-tour, sur l'appel d'un des plus jeunes de la société, c'est-à-dire de la famille, puiser dans l'urne, et recevoir ses étrennes de la main du hasard. On peut se faire une idée de l'à-propos d'une pareille répartition : la paire de pistolets échut à un enfant au berceau, les rasoirs à une jeune fille, l'étui de mathématiques à la grand'maman, et les boucles d'oreilles à un maître des requêtes. Chacun, mécontent de son lot, comme c'est l'ordinaire, eut recours à des moyens d'échange, et les plus attrapés ne furent pas les moins heureux.

En terminant cet article de l'année, je veux me conformer à l'usage, et, à défaut d'étrennes plus substantielles, offrir à mes lecteurs le tribut économique des souhaits que je fais pour leur bonheur et pour leurs plaisirs.

Comme la santé est le premier des biens, que beaucoup de gens sont tentés de croire que la médecine est le plus grand des maux, et que pourtant, de long-tems encore, on ne pourra se passer de médecins, je *souhaite* que la fureur d'écrire, qui les a saisis depuis quelque tems, s'accroisse dans l'année où nous entrons, attendu que le tems qu'ils perdent à leur bureau, est autant de gagné pour leurs malades.

Je *souhaite*, pour l'année prochaine, à mes abonnés-voyageurs, des auberges plus commodes, plus propres et moins chères; des diligences mieux suspendues, où l'on puisse monter, pour faire cinquante lieues, sans avoir fait son testament d'avance.

Je *souhaite* aux amateurs de l'art dramatique des comédies dont le dialogue soit franc, les caractères vigoureux, les mœurs vraies, et qui ne soient pas tour-à-tour des recueils de madrigaux niais, ou d'épigrammes fades; des tragédies où l'on retrouve quelque chose de l'élévation de Corneille, de l'élégance de Racine, du mouvement, de l'intérêt de Voltaire; où les situations soient amenées avec plus d'art que dans un opéra, où le style ne soit pas tantôt épiquement boursoufflé, et tantôt bourgeoisement familier. Je leur *souhaite* des acteurs qui, bien pénétrés de l'idée qu'ils exercent un art et non pas un métier, en étudient les principes et les modèles, et ne se croient pas des Contat, des Molé, des Talma et des Branchu, parce qu'ils paraissent sur les mêmes théâtres, jouent les mêmes rôles, et trouvent quelquefois le moyen de se faire autant applaudir.

Pour être juste envers tout le monde, je *souhaite* aux auteurs un public plus impartial, plus attentif, qui ne se presse pas de juger avant d'avoir entendu, et qui ne siffle pas dans un auteur moderne ce qu'il applaudissait la veille dans un auteur ancien.

Je *souhaite* que les journalistes n'abusent pas de la puissance littéraire qu'ils exercent par *interim*; que l'esprit de parti, ou quelqu'autre esprit moins honnête encore, ne dirige pas la plume de quelques-uns de nos jurés-critiques, et que ceux qui seraient tentés d'avoir le plus d'amour-propre, veuillent bien réfléchir qu'il faut après tout plus de talent, plus d'esprit pour composer un ouvrage médiocre, dans quelque genre que ce soit, que pour desserrer, par feuilleton, dix volumes de cette critique de journal, qui serait la chose du monde la plus honteuse, si elle n'en était la plus lucrative.

Je *souhaite* enfin que les savans, moins occupés de sublimes théories, s'occupent un peu plus de résultats; que de leurs élucubrations il sorte, dans l'année 1812, quelque bonne découverte utile au genre humain; qu'ils ne tirent pas trop de vanité de l'avantage qu'ils ont de parler une langue inconnue, et qu'ils ne croyent pas avoir créé la science dont ils ont changé la nomenclature.

OBSERVATIONS DÉTACHÉES.

Je ne fais aucun cas du talent de Vadé, et je n'aime pas à entendre sur la scène le langage des Halles; ce qui ne m'empêche pas d'y faire de fréquentes visites, et d'en bien connaître les habitans. Les mœurs de ces gens-là valent mieux que leurs manières; le contraire est également vrai parmi les gens du monde. Je ne sais pas jusqu'à quel point cela peut être utile ou agréable à dire; mais il est démontré que s'il existait dans cette grande ville un *Journal des Bonnes Actions*, le plus grand nombre y paraîtrait sous la rubrique des *Halles*. Je citerai, à ce propos, un fait que je n'ai pas recueilli, mais que j'ai vérifié sur le lieu même.

Il y a quelques jours qu'un de ces voituriers qui amènent à Paris la marée fraîche, cédant à un mouvement de pitié, prit en chemin, sur sa voiture, un homme qui paraissait accablé de fatigue. Ce misérable, soit qu'il fût informé d'avance que le voiturier était porteur d'une somme d'argent assez considérable, soit que le hasard le lui fît découvrir, trouva le moyen de voler quinze cents francs, et de se glisser à bas de la charrette, à l'insu du malheureux conducteur, qui ne s'aperçut qu'à la Halle, en déchargeant sa voiture, de la perte qu'il avait faite. Ses lamentations attirent la foule; on veut connaître toutes les particularités de la triste aventure du père Maçon (c'est le nom du voiturier); il la raconte avec une simplicité touchante; ces *dames* l'écoutent les poings sur les hanches et les larmes aux yeux, et quand il a fini de parler, trois ou quatre d'entr'elles partent sans s'être communiquées autrement que par des gestes, et vont faire, chacune de leur côté, une collecte dont le produit, égal à la somme volée, est apporté, un instant après, au père Maçon, qui pleure de joie et de tendresse, et n'a plus à craindre que d'être étouffé dans les embrassemens de ses robustes bienfaitrices.

Deux jours auparavant, une pauvre femme blessée, à la Halle, par le timon d'une voiture, avait été transportée sous l'auvent d'une marchande de poisson; celle-ci ne se contenta pas de lui prodiguer les premiers secours, elle fit une quête pour la pauvre femme, étonnée, en recouvrant ses sens, de se trouver, pour la première fois de sa vie, en possession d'une somme de cent écus. Rien de plus facile à déterminer que les premiers mouvemens de cette classe du peuple; et nous avons été malheureusement témoins, pendant les orages de la révolution, de l'horrible parti qu'on pouvait en tirer.

FIN DU PREMIER VOLUME.

TABLE.

Portrait de l'Auteur .... *page*	1
Pot-Pourri...........................	11
Le Parrain...........................	21
Les Tartufes.........................	32
La vie de Château....................	44
Lettre d'un Bourgeois du Marais à l'Hermite de la Chaussée-d'Antin.................	61
Réponse à un Bourgeois du Marais.......	68
Maison d'éducation....................	78
Éloquence du Barreau moderne..........	93
Seconde lettre d'un Bourgeois du Marais à l'Hermite de la Chaussée-d'Antin.......	106
Correspondance....... 119—179—206—242—272	
Mœurs des Salons.....................	131
Les Album. — Un homme de lettres du Marais à l'Hermite de la Chaussée-d'Antin........	143
Les Sépultures.......................	156
Recherches sur l'Album et sur le Chiffonnier sentimental.........................	167
Une Famille de la Chaussée d'Antin......	192
Galerie d'Originaux...................	217
Mœurs de l'Antichambre................	229
La Loterie...........................	259

TABLE.

La Journée d'un Commissionnaire. . . . . *page* 286
Les Almanachs. 300
Les Étrennes. 315

FIN DE LA TABLE.

www.ingramcontent.com/pod-product-compliance
Lightning Source LLC
Chambersburg PA
CBHW060458170426
43199CB00011B/1252